Chin Meyer

OHNE MIESE
DURCH DIE KRISE

Fast legale Finanz-
tipps für harte Zeiten

INHALT

EIN WORT ZU BEGINN …

»Ach, schreibst du jetzt *auch* ein Buch?!?« So oder ähnlich freundlich reagierten die Kollegen aus der Comedy- und Kabarettbranche, wenn sie von meinem Projekt hörten. Mir wurde klar, dass ich mich schon findiger anstellen müsste als nur die Texte der letzten Zeit zusammenzufassen. Aber was? Zusammenlegen? Zusammenfalten? Stapeln?

Ich entschied mich, mein kabarettistisches Alter Ego (man kann es auch meine kreativ genutzte Persönlichkeitsstörung nennen), den Steuerfahnder Siegmund von Treiber zu Wort kommen zu lassen und mit seiner Hilfe einen Finanzratgeber der etwas anderen Art zu verfassen.

Inspiriert zu der Idee des verbannten Finanzbeamten wurde ich von einer wahren Geschichte. Im »Stern« von Dezember 2008 wird die Auflösung der Steuerfahndung Frankfurt V beschrieben, welche den Großbanken der Stadt erfolgreich zu nah auf die Pelle rückte. Als sie gegen eine Amtsverfügung protestieren, die ihre Arbeit weitgehend einschränkt, werden sie strafversetzt oder zum Psychiater geschickt. Wir leben in einem Land, dass griechischer ist, als wir ahnen!

Nach Studium gängiger Finanzliteratur, das ich körperlich unversehrt aber psychisch angeschlagen (Mann, was ein dröges Zeug) überstand, verfasste ich das nun vorliegende Werk. Die (bei korrekter Anwendung Erfolg garantierenden) Finanztipps sind eingebettet in die Geschichte eines Finanzbeamten am Ende eines einsamen Ganges im Finanzamt. Seine einzigen Gefährten sind eine kaputte Kaffeemaschine und sein Tagebuch. Bis er sich verliebt…

Oder um es kurz zu machen:

Sie halten hier keinen finanziellen Ratgeber der Machart 08/15 in der Hand, sondern den ersten ganzheitlichen Finanzratgeber der Welt! Nutzlose Tipps, die viel Geld kosten, erhalten sie anderswo! Hier erhalten Sie nutzlose Tipps, die im Höchstfalle den Preis dieses Buches kosten.

Kaum ein Thema kann uns so schnell so gründlich verspannen wie das Thema Geld! Fragen Sie auf einer Party mal einen

Ihnen völlig unbekannten Mann, wieviel er denn eigentlich so verdiene – und Sie haben einen Feind fürs Leben. Derselbe Mann wird allerdings höchst bereitwillig Auskunft geben, wie viel seine letzte Scheidung ihn gekostet hat!

Geld durchzieht Bereiche unseres Lebens, die wir spontan erst mal nicht damit in Verbindung bringen würden. Die folgenden Sätze etwa haben auf den ersten Blick nichts Finanzielles an sich, können aber immense Kosten nach sich ziehen: »Willst du mich heiraten?«, »Ich zieh übrigens zu Oliver!« oder »Saddam Hussein hat Massenvernichtungswaffen!«

Die meisten Menschen finden, dass sie irgendwie nicht genug Finanzpolster haben: Florida-Rolf, Madeleine Schickendanz, Klaus Zumwinkel – sie alle fühlen einen finanziellen Notstand und müssen zu eigenwilligen bis illegalen Methoden greifen, um irgendwie über die Runden zu kommen. Was zumindest bei den letzteren beiden etwas erstaunt, aber gefühlte Armut kann man auch mit Champagner begießen!

Denn die Krise ist allgegenwärtig. Eine Finanzkrise jagt die nächste, und zwischendurch kann man sich auch ganz schön mies fühlen. Deshalb dieses Buch, das sich einmal in das Tagebuch des Steuerfahnders gliedert, um Sie, werter Leser, am Prozess teilhaben zu lassen, der zu den einzelnen Geld-Tipps führt. Denn wir wollen hier nicht nur den schnöden Mammon streifen, sondern alle Bereiche des Lebens, die sich zur Krise ausweiten können. Was wohl jeder bezeugen kann, der schon mal an einem Windows-Computer scheiterte! Oder im Bioladen verarmte. Oder ein Haus kaufte!

Treiber ist ein kreativer Finanzbeamter – er hat jede Menge Gedanken zu allen möglichen Themen, die er ausnahmslos seinem Tagebuch anvertraut. Nicht immer sind diese finanzieller Natur, aber das Thema soll schließlich aufgelockert werden, und die philosophischen Betrachtungen haben einen hintergründigen Zweck. Kleine Gedankensprünge trainieren die Kreativität und machen Sie nur umso bereiter für die nächste Investitionsstrategie!

Am Ende jedes Kapitels finden Sie einen Geld-Tipp, der Ihnen helfen soll, ohne Miese durch die Krise zu kommen und eventuell sogar noch etwas Profit zu machen. Gleich im Anschluss folgt eine Einschätzung zu Legalität, Chance und Risiko. Nicht alle Tipps sind hundertprozentig legal, aber viele Vermögen sind auf sehr undurchsichtige Weise entstanden, und später fragt niemand mehr nach, ob die Vorfahren als Raubritter angefangen haben.

Damit hier nicht nur theoretisches Wissen vermittelt wird, gibt es im Anschluss an den Finanztipp eine dazugehörige Yoga-Übung. Yoga ist *in*. Yoga ist *gut*. Yoga formt eine Einheit von Körper, Geist und Seele. Theoretisch. Praktisch schaut man ständig auf die eine Blondine hinten in der Ecke des Kurses und fragt sich, wie sie es schafft, dermaßen gelenkige Beine zu haben ... Deshalb ist es gut, wenn Sie diese Übungen allein und heimlich machen. Wenn Sie dann noch ein anschließendes Geld-Mantra rezitieren, festigen Sie Ihre Erfolgsbereitschaft und fühlen sich augenblicklich besser. Wenn nicht, weiß zumindest ihre Umgebung, dass sie sich ein bisschen mehr um Sie kümmern muss!

Ich werde Sie in diesem Buch auch mit dem Vorgesetzten von Treiber bekannt machen, Müller-Rangsdorff oder MR, wie der Fahnder ihn nennt. Einer der wenigen Menschen, zu dem er noch Kontakt hat, obwohl der nicht immer angenehm ist. Und mit Karl-Heinz, dem einzigen Freund, der zwar voller veralteter Beamtenwitze steckt, aber dennoch wichtige Impulse für das Werk gibt.

Begeben Sie sich mit mir auf die Reise durch das Leben und Erleben des Steuerfahnders. Die folgenden Kapitel zielen auf Ihre Fähigkeit, das Absurde im Leben zu goutieren und sich den Widrigkeiten des Lebens spielerisch zu ergeben. Bis Sie irgendwann merken: Geld ist auch nur ein Witz! Dieses Buch zielt auf Ihr Humor-Portfolio. Wenn das gut aufgestellt ist, können sie zwar weiterhin massiv Geld verlieren (oder steinreich werden!), aber Sie bleiben gelassen. Und dann kommen Sie immer ohne Miese durch die Krise. Versprochen!

Viel Vergnügen und neue Erkenntnisse wünscht

Ihr Chin Meyer

17.9.

Eine ruhige Tätigkeit wäre das hier, haben Sie gesagt? Ruhig! Das ist die Untertreibung des Jahrhunderts! Akten archivieren – und warum? Weil ich erfolgreicher war als der Rest dieser Schlafnasen-Steuerfahnder!

Immerhin finde ich zwischen den Akten ein unbenutztes Heft. Werde es als Tagebuch führen. Damit die Nachwelt erfährt, wie es einem gehen kann, der nur seine gottverdammte Pflicht tut in diesem Land. Und wenn es mir nicht gelingen sollte, diese Einzelhaft jemals wieder zu verlassen – dann soll mein Tagebuch der Nachwelt Zeugnis geben über die Verhältnisse im Finanzamt des frühen dritten Jahrtausends.

Zugegeben, das klingt etwas dramatisch. Aber das ist es schließlich auch! Eine himmelschreiende Ungerechtigkeit! Doch ich will nicht vorgreifen. Liebes Tagebuch, du sollst meine Geschichte erfahren – Schritt für Schritt. Ganz langsam! Keinesfalls übereilt. Schließlich ist das hier eine ruhige Tätigkeit, wie ich von anderer Seite erfahren musste.

Doch jetzt erst mal Wochenende.

20.9.

Bin wieder da. Der Aktenstapel hat sich nicht wesentlich verringert. Wie auch? Übers Wochenende? Erkenne, dass ich insgeheim auf ein Wunder gehofft habe. Werde ich religiös? Angesichts meiner Einsamkeit hier in Zimmer 319? Am hintersten Ende eines Flures mit 37 anderen Büroräumen! Alle menschenleer. Durch diese Etage weht der Wind der Einsparungen mit der Stärke eines Hurrikans! Nur ich, ich bin noch hier, eine moderne fiskalische Strafkolonie! Schaue den Aktenberg an und verzweifle.

21.9.

Bin doch nicht allein. Habe am Ende des Ganges etwas entdeckt, was man mit Fug und Recht als den besten Freund des Finanzbeamten beschreiben könnte. Eine Kaffeemaschine!

Trotzdem immer noch verzweifelt. Gerate ins Grübeln. Vielleicht hatte Müller-Rangsdorff recht, als er sagte, dass meine Methoden mit dem modernen Strafrecht weniger gemeinsam hätten als ein Mitglied der Taliban mit der Love-Parade! Müller-Rangsdorff ist mein Chef. Traue niemals einem Mann mit Doppelnamen! Wer sich bei der Heirat aus falsch verstandener Solidarität den Namen seiner Frau überstülpen lässt, ist entweder ein Weichei oder bei den Grünen. Oder beides! Vermute, dass Müller-Rangsdorff auch in die Bio-Sauna geht!

Denke dennoch über seine Worte nach. In einigen Punkten muss ich ihm beipflichten. Vielleicht besteht tatsächlich die Möglichkeit, dass man auch als Steuerfahnder zuerst mal anklopft und nicht immer gleich eine Tür eintritt. Ah, Macht der Gewohnheit! Habe sogar mehrfach Türen von Freunden eingetreten, aus purer Zerstreutheit oder weil ich mich noch im Dienst wähnte. Kam nicht so wahnsinnig gut an. Vielleicht ein Grund für den Freundesschwund der letzten Jahre? Sogar meine eigene Haustür habe ich verschiedentlich eingetreten. Bis ich sie durch Schwingtüren ersetzt habe. Jetzt kann ich treten, so viel ich will. Guter Aggressionsabbau. Mein Psychotherapeut wäre stolz auf mich. Wenn ich einen hätte …

Trotz meiner nicht abschließbaren Wohnungstüren fürchte ich mich nicht vor Einbrechern. Wer wird schon in eine Wohnung einbrechen, an der »Steuerfahndung – hereinspaziert! Wir prüfen sofort!« steht?

22.9.
Totale Depression. Kaffeemaschine geht nicht!

Fahre weinend mit der Archivierung fort. Finde Steuerunterlagen längst vergangener Epochen. Die 60er. Die 50er. Als die Ehrlichkeit hoch und die Schuldenlast gering war. Ah, die goldenen Zeiten.

Aber heute? Finanzkrise, die erste, die zweite und sicherlich bald auch die dritte. Bin froh, Beamter zu sein. Sicherheit! Aber was ist mit den Klienten? Den Steuerzahlern? Sollte man denen nicht helfen?

Beschließe, wertvolle Finanztipps zu geben. So wie diesen hier:

MONEY-Tipp

Alle reden von den Gefahren einer ausufernden Staatsverschuldung. Gleichzeitig wird die Zahl der Steuerfahnder immer weiter reduziert. Eine komplett sinnlose Entwicklung. Schließlich spielt jeder Fahnder dem Fiskus im Jahr etwa 1 Million Euro ein! Zieht man das Jahresgehalt von etwa 70.000 Euro wieder ab, ist das ein Mehrwert von mindestens 1200 Prozent! Steuerfahnder sind die profitabelsten Angestellten der Welt! Bei einer Neueinstellung von 1,6 Millionen Steuerfahndern, die jeder 1 Million Euro erbringen, wäre diese Republik in einem Jahr schuldenfrei! Und die Arbeitslosenquote halbiert! Und die komplette Wählerschaft der FDP im Gefängnis!

Bei einer Neueinstellung von 3,2 Millionen Steuerfahndern haben wir Vollbeschäftigung und genug Geld für Kita-Plätze. Für alle! Sogar Senioren und Bundestagsabgeordnete! Der Weg ins Paradies ist so nah – man muss ihn nur gehen!

23.9.

Gehe zur Kaffeemaschine. Sie geht immer noch nicht. Erneute Depression.

Der Aktenberg nimmt nicht ab. Fast scheint es, als würde er über Nacht wieder anwachsen. Sehe schon den Titel meiner Autobiografie vor mir: »Steuerfahnder Siegmund von Treiber – Gefangen in einem kafkaesken Albtraum!« Die Einsamkeit setzt mir zu. Frage mich, wann ich den letzten Menschen gesehen habe? Zählt Müller-Rangsdorff? Zählen Chefs? Zählt überhaupt ein Beamter? Als Mensch, meine ich. Entsinne mich an den Witz, den ich bei der letzten Weihnachtsfeier machte:

Was passiert, wenn ein Beamter Viagra nimmt? Dann stehen da zwei dumm rum!
Hahaha. Haha. Ha H…
Ja, die anderen haben auch nicht gelacht.

24.9.

Auf meinem Korridor ist definitiv niemand. Ist das Isolationsfolter? Komme mir vor wie ein RAF-Häftling in Stammheim. Mit dem Unterschied, dass ich bei einer Tätigkeit für die Rote Armee Fraktion heute bereits wieder auf freiem Fuß wäre! Als Finanzbeamter habe ich lebenslänglich!

Beim Sortieren der Akten komme ich immer wieder ins Grübeln. Vielleicht gibt es eine meditative Dimension der Steuern, die bisher einfach niemand wahrgenommen hat. Steuern als Tor zu einer höheren Wahrheit?

Frage die Kaffeemaschine. Sie schweigt.

27.9.
Es lässt mich nicht los. Per aspera ad astra? Durch Widrigkeiten zu den Sternen. Oder frei übersetzt: Durch die Steuern ins Licht!

28.9.
Steuern als Weg! Das ist es! Durch das Prinzip des Steuerzahlens höhere Wahrheiten erkennen! Steuern sind eben nicht nur eine lästige finanzielle Angelegenheit! Erst die Steuer verwandelt Geld in eine lohnende Sache, weil man den eigenen begrenzten, egoistischen Horizont erweitern muss, um mit der Allgemeinheit zu teilen! Die STEUER als WEG vom ICH zum WIR! Die Erkenntnis fällt mich nieder wie ein Blitz. Falle vom Bürostuhl. Gleißendes Licht durchflutet den Raum. Wer lächelt mich durch das Gegenlicht an? Jesus? Buddha? Schäuble?

29.9.
Habe nicht geschlafen. Zu aufgeregt. Steuer als Weg! Muss mich mitteilen. Rufe Müller-Rangsdorff an. Kurz streift mich der Gedanke, dass man es auch als Armutszeugnis auslegen könnte, dass der einzige menschliche Kontakt, den ich noch habe, ein Vorgesetzter mit einem Doppelnamen ist! Aber musste nicht auch Jesus in die Wüste, um Gott zu finden? Der Gedanke gibt mir Kraft, die Nummer zu wählen. Besetzt! Mache Feierabend.

30.9.
Endlich ist das Telefon frei. Der Anruf – ein einziges Desaster. Müller-Rangsdorff kann der Idee nichts abgewinnen. Anstelle der spirituellen Möglichkeiten sieht er nur meine angeblichen Verfehlungen. Hätte es mir denken können. Was kann man schon von jemand

erwarten, von dem die Mär geht, dass er sich mal eine ernsthafte Augenverletzung zugezogen hat, als er beim Einschlafen unglücklich auf einem Bleistift landete!

MR – werde seinen Namen in Zukunft abkürzen – fragt, ob ich mir mal Gedanken darüber gemacht habe, dass mein Vorgehen im Yachthafen von Palma de Mallorca »suboptimal« gewesen wäre. Dabei hatte ich mir ein kleines Boot mit einer potenten Lautsprecheranlage gechartert, war durch den Hafen gefahren und hatte sehr laut eine Endlos-Ansage geschaltet:

»Hier spricht die Steuerfahndung der Bundesrepublik Deutschland. Wir haben eine neue CD erhalten. Bitte verhalten Sie sich ruhig. Wir kommen an Bord, durchsuchen Ihr Schiff und Ihre Kaufunterlagen!«

Dann hatte ich einfach abgewartet, wer über Bord sprang – und mir die entsprechenden Yachten vorgeknöpft. Ich hielt das für extrem erfolgreich. MR hingegen kannte ungefähr 17 Dienstvorschriften, die ich damit verletzt hatte.

Fühle mich einsam und frustriert.

1.10.

Aber waren nicht alle großen Männer einsam? Der Gedanke gibt mir Kraft.

Beginne mit körperlichen Übungen. Einerseits, um die Stupidität meiner Archivtätigkeit auszugleichen. Andererseits, um meine Einsichten in die Welt der Steuern in eine körperliche Erfahrung zu verwandeln. Nenne diese Übungen …

… MONEY-Yoga – Monetär Orientiertes Neurotisch Erfahrbares Yoga!

Fühle mich genial!

2.10.

Samstag – fühle mich immer noch dermaßen von meiner Genialität durchdrungen, dass ich sogar mein Wochenende opfere, um einen Entschluss zu fassen: Ich werde die Menschheit retten! Mit dem einzigartigen Finanz-Aufklärungsratgeber, der verhindert, dass Menschen in Krisen Verluste machen. »Nie mehr verlieren!« … oder so.

3.10.
Ein Zeitungsartikel gibt den Anstoß zum ersten Kapitel meines Ratgebers. Gehe gleich in medias res: Genetische Disposition zur Gier! Werden zukünftige Generationen den 3. Oktober nicht mehr primär als Tag der Deutschen Einheit wahrnehmen, sondern als den Tag, als Steuerfahnder Siegmund von Treiber sein epochales Werk begann?
Bin ich realistisch? Oder größenwahnsinnig? Oder beides?
Beschließe, mein Werk »Ohne Miese durch die Krise« zu nennen.

WIE MAN OHNE MIESE GIERIG WIRD

Der Frankfurter Zukunftsrat fordert Gentests für Führungs-kräfte, denn nach den neuesten Erkenntnissen der Hirnfor-schung ist Gier im Finanzverhalten genbedingt! Wenn gewis-se Botenstoffe zu leicht empfangen werden, können bei der Aussicht auf finanzielle Belohnung im Gehirn Prozesse aus-gelöst werden, die denen von Drogenabhängigen verblüffend ähneln.

Im Prinzip sind unsere Finanzkrisen also letztlich nichts an-deres als ganz banale Beschaffungskriminalität!

Diese Erkenntnisse sollten unser Verhalten in Bezug auf »Finanz-Junkies« deutlich verändern. Banker wie Josef Acker-mann sind arme Süchtige, letztlich High-Finance-Fixer, ab-hängige »Hypotheken-Junkies« aus Mainhattan! Die Karriere eines Bankers mit Gendeffekt gleicht der eines Crack-Süch-tigen. Meist geht es unschuldig los: Auf Partys verkauft der Betroffene die eine oder andere Lebensversicherung und ist angefixt! Dieses Stadium des Suchtbeginns kann man leicht erkennen: Scheinbar endlos wird der Betreffende über die Vor-teile von Riester-Renten reden. Er kriegt dieses merkwürdige Glitzern in den Augen, wenn er anschließend über die Rürup-Rente und ihre einmaligen Chancen schwadroniert! Sätze wie: »Lass dir doch die Steuergeschenke des Staates nicht durch die Finger flutschen!«, oder: »Heutzutage die einzige Mög-lichkeit, im großen Stil Steuern zu sparen« gehören in diesem Stadium zu seinen Lieblingssätzen. Nebenbei sei angemerkt: Die Rürup-Rente ist übrigens keine Steuerersparnis. Höchs-tens eine Steuerstundung. Und auch das nur, wenn man lange genug lebt – Rürup bringt erst ab einem Alter von 75 Jahren Vorteile! Aber das sagt einem ja keiner.

Irgendwann reicht der Kick nicht mehr aus. Der Gier-Ab-hängige braucht härteren Stoff: Nun müssen Aktienfonds her!

Das normale Leben ist für den Finanzsüchtigen längst zur Nebensache geworden, auch Sex empfindet er zunehmend als lästige Ablenkung – wohl fühlt er sich nur noch auf dem Börsenparkett oder wie wir jetzt sagen müssen: dem Drogen-Strich der Finanzbranche.

Doch auch hier setzt das Gier-Gen dem getriebenen Finanz-makler unaufhaltsam zu. Bald kleidet er sich im »Heroin-Chic« seiner »Peergroup« und ist nur noch im Dreiteiler unterwegs! Seine Sucht verleitet ihn zu immer gefährlicheren Drogen. Über leicht gestreckten Stoff wie Aktien gelangt er bald zu gefährlich komplex, weil sehr intensiv gepanschten Substanzen wie zu Optionsscheinen oder Hebelzertifikaten! Längst ist das Familienleben für den Finanz-Junkie zur Nebensache geworden, er braucht den ganz harten Kick – Schwellenländer-Hightech-Fonds. Endstation »Angel Dust« – auch als Party-droge bekannt – ist dann regelmäßig der Handel mit Waren-termingeschäften oder Kreditausfallversicherungen (Credit Default Swaps – Auslöser der Finanzkrise). Scheinbar zufällig setzten sich Tausende von Bankern einen Goldenen Schuss in Form von Zins-Swaps.

Es ist also sinnlos, diese armen Suchtkranken zur Verant-wortung zu ziehen. Solange man den Gendefekt nicht ope-rativ behandeln kann, müssen die Betroffenen in Therapie! Zuerst muss allerdings geprüft werden, ob der Gendefekt vererbt wurde. Kommt der Süchtige aus einer Familie, in der dieser Defekt schon seit Generationen nachweisbar ist – etwa aus adeligen Millionärsfamilien –, so muss die ganze Familie mitmachen, denn Sucht ist immer auch Familiensache! Hier bieten sich Familien-Finanz-Aufstellungen nach Hellinger an, Probe-Hartz-IV in der Oberlausitz oder in ganz harten Fällen (ab einem Vermögen von mehreren Hundert Millionen) ein 200-tägiger Retreat im RTL-Dschungelcamp – ohne Kameras!

Wenn der Cold Turkey – so nennt man den plötzlichen Entzug von Drogen – endlich vorbei ist und die Schmerzens-schreie (»Ich brauch 25 Prozent Eigenkapitalrendite!«) lang-sam seltener werden, kann begonnen werden, die Süchtigen mit einer Ersatzdroge in niedrigeren Dosen zu behandeln – erst

Immobilienfonds, dann Rentenfonds, schließlich Sparbuch. Schrittweise wird die Gier ausgeschlichen – im Endstadium der Therapie wird der Kranke Filialleiter einer Sparkasse.

Als geheilt gilt, wer eine Partie Monopoly gegen seinen achtjährigen Sohn verlieren kann, ohne zu schummeln! Unauffällig implantierte Chips messen den Herzrhythmus, wenn der Gier-Kranke zum Abschluss seiner Therapie in eine Spielbank geschickt wird. Gelingt es ihm, ohne messbare Erregung am einarmigen Banditen vorbeizugehen, darf er wieder Bausparverträge verkaufen!

Interessant ist übrigens in diesem Zusammenhang die Zusammensetzung des »Frankfurter Zukunftsrats«. Dort sitzen neben Ex-SPD-Kernkraft-Rambo Wolfgang Clement auch Friedrich »Nebeneinkünfte« Merz und Maria-Elisabeth Schaeffler, besser bekannt als »Continental-Contessa« oder»Nerz-Lizzy«! Und die versuchen, die Gier einzudämmen? Ist das nicht ein wenig, als würde Amy Winehouse einen Anti-Drogen-Kongress leiten? Oder Kannibale Armin Meiwes einen vegetarischen Kochkurs?

An dieser Stelle des Ratgebers erfolgt der erste offizielle »Monetär Orientierten Neurotisch Erfolgreichen Yoga« (MONEY)-Geld-Tipp, der sicherstellt, dass Verluste in Krisenzeiten begrenzt und in Zeiten des Booms vervielfacht werden.

MONEY-Tipp, der erste offizielle

Lassen Sie sich untersuchen. Finden Sie heraus, ob Sie das Gier-Gen haben. Wenn nicht, lassen Sie Ihre DNS nachträglich manipulieren. Erschaffen Sie einen Klon, der das Gier-Gen hat. Schicken Sie diesen Klon zur Arbeit. Sie sollten versuchen, ihn nicht allzu oft persönlich zu treffen, denn er ist ein ziemlich unangenehmer Typ! Achten Sie jedoch darauf, dass seine Einkünfte Ihr Konto füllen und nicht heimlich auf die Cayman-Islands überwiesen werden!

Zur vereinfachten Anwendung des Ratgebers untersuche ich meine Tipps selbstkritisch auf Legalität, Risiko und Chance!

Legalität: 2,73 Prozent – derartige Klonerei ist derzeit technisch nicht wirklich möglich und sowieso »ziemlich« verboten. Aber wenn Gunther von Hagens in China Leichen kriegt, kriegen Sie sicherlich irgendwo einen genmanipulierten Klon her. Könnte bloß sein, dass es ihm so geht wie Klonschaf Dolly – steht 'ne Weile auf der Wiese herum und blökt blöde. Fällt anschließend um und ist tot!

Chance: 89 Prozent – Haben wir nicht alle früher davon geträumt, ein Double zur Schule zu schicken?

Risiko: 94 Prozent – wie gesagt, das Ganze ist technisch noch nicht wirklich ausgereift und kriminell (siehe Legalität!). Außerdem könnte ein beachtlicher Flurschaden entstehen, wenn der Klon auf gute Bekannte oder gar Ehepartner trifft!

An dieser Stelle halte ich erneut inne. Und konzipiere meine erste finanzielle Yoga-Stellung.

 MONEY-Yoga-Stellung

»Gordon Gecko«

Gordon Gecko ist der Prototyp des gierigen und kaltherzigen Bankers im Film *Wall Street* aus den 80er-Jahren des vergangenen 20. Jahrhunderts. Für diese Übung benötigen Sie eine große Tube Gel, da die Geckos dieser Welt eine Frisur durch die Gegend tragen, die Flutkatastrophen und Wirbelstürme unbeschadet übersteht. Die Frisur für die Übung muss so steif sein, dass Ihr gesamter Freundeskreis Sie automatisch für einen BWL-Studenten hält!

Das Schöne an dieser speziellen Yoga-Übung ist, dass Sie sie im Sitzen ausführen können. Nehmen Sie sich einen Chefsessel (wenn keiner da ist, geht auch ein Bürostuhl mit beweglichem Rückenteil), lehnen Sie sich bequem zurück und fahren Sie sich mit beiden Händen durch das gegelte Haar. Das ist ein wenig eklig, weil jetzt das ganze Gel an Ihren Fingern klebt, aber es sieht wahnsinnig nach zufriedenem Banker aus. So muss sich Richard Fuld gefühlt haben, als er die Lehman Brothers in die Pleite ritt und kurz vorher noch 40 Millionen Dollar Jahresgehalt kassierte!

Atmen Sie tief ein. Schreiben Sie einen Scheck über 3 Millionen Euro aus. Schenken Sie ihn jemandem, den Sie hassen. Versuchen Sie, in dessen Nähe zu sein und sein oder Ihr Gesicht zu betrachten, wenn der Scheck platzt! Fühlen Sie sich wohl? Atmen Sie wieder aus. Sie haben das Gier-Gen und das Gemein-Gen gleich dazu!

Siegmund von Treiber ist Gordon Gecko. Der Gesichtsausdruck legt allerdings nahe, dass er sich bereits zu sehr in die Rolle hineingesteigert hat. Die abstürzenden Kurse auf den Charts hinter ihm unterstützen diese Annahme!

Bin mit meinem ersten Kapitel zufrieden. Aber etwas fehlt noch. MONEY-Tipps, MONEY-Yoga, MONEY…

Was fehlt? Schließlich soll es ganzheitlich sein! Nur wenn Körper, Geist und Seele als Einheit agieren, kann der finanzielle Reichtum zu seiner vollen Blüte gelangen. Finanzes sana in corpore sano!

Es braucht noch …

… ein Mantra! Diese sich immer wiederholende Formel, die sich durch ständige Repetition tief ins Unterbewusste einfräst und von dort aus quasi automatisch für Erfüllung sorgt. Geile Sache!

Deshalb an dieser Stelle ein **MONEY-Mantra**, das man sehr nasal und obertonreich intonieren sollte, damit es die volle Wirkung entfaltet:

Die Gier, die ist von Nutzen dir,
Sie bringt dir Geld im Jetzt und Hier!

4.10.

Kaffeemaschine weiterhin kaputt. Schmerzhaft. Hab sie lange eindringlich angeschaut. Hat nichts geholfen. Das blöde Ding macht weiter Beamten-Mikado. (Das kennen Sie aber, oder? Beamten Mikado – wer sich als Erster bewegt, hat verloren.)

Schmökere im Steuergesetzbuch. StGB, wie wir Eingeweihten sagen. Es gibt Menschen, die behaupten, dass das deutsche Steuerrecht komplizierter sei als die Relativitätstheorie! Vielleicht. Sicher ist jedoch, dass das deutsche Steuerrecht eine expressionistische Aussagekraft hat, die selbst Franz Kafka vor Neid hätte erblassen lassen!

Nehmen wir eine der poetischsten Stellen, den Paragrafen 34, Einkommensteuergesetz:

»Sind in dem zu versteuernden Einkommen außerordentliche Einkünfte enthalten, so ist auf unwiderruflichen Antrag die auf alle im Veranlagungszeitraum bezogenen außerordentlichen Einkünfte entfallende Einkommensteuer abweichend von den allgemeinen Tarifvorschriften zu berechnen. Die für die außerordentlichen Einkünfte

anzusetzende Einkommensteuer beträgt das Fünffache des Unterschiedsbetrags zwischen der Einkommensteuer für das um diese Einkünfte verminderte zu versteuernde Einkommen (verbleibendes zu versteuerndes Einkommen) und der Einkommensteuer für das verbleibende zu versteuernde Einkommen zuzüglich eines Fünftels dieser Einkünfte. Ist das verbleibende zu versteuernde Einkommen negativ und das zu versteuernde Einkommen positiv, so gilt als außerordentliche Einkünfte im Sinne des Satzes 2 das positiv zu versteuernde Einkommen. Die Sätze 1 bis 3 gelten nicht, wenn der Steuerpflichtige auf die außerordentlichen Einkünfte ganz oder teilweise § 6b oder § 6c anwendet.«

Lese diesen Satz bereits seit zehn Jahren dreimal die Woche. Habe ihn immer noch nicht begriffen! Herrlich, für das Unerklärliche brauchen wir keine Religion mehr. Es reicht das Einkommensteuergesetz! Fühle die Segnung meines Berufes. Schaue auf den Berg mit Archivakten. Wurde nicht auch Hiob vom Herrn getestet?

5.10.

Zahnschmerzen. Bin nicht in Stimmung für miese Krisen oder »Steuern als Weg«. Sondern auf dem Weg zum Zahnarzt. Habe Karies. Mein Zahnarzt Dr. Rösner fragt, ob ich beim Zähneputzen auch die Rütteltechnik verwende. Ich erwidere, dass ich das zwar nicht beim Zähneputzen tue, dafür aber bei meiner Fahndungstätigkeit. Rütteln nicht auch wir Steuerfahnder am kollektiven Gewissen der Republik, wenn wir die kriminellen Kavaliersdelikte einer Kaste kontraproduktiver Karrieristen klammheimlich uncovern? Bin beeindruckt von meinen poetischen Fähigkeiten.

Dr. Rösner ist es nicht so sehr. Vielleicht hat er mich auch nicht wirklich verstanden. Jedenfalls flucht er laut, weil seine Bohrspitze abbricht, während ich deklamiere. Das spornt mich nur noch mehr an – ich trage ihm folgenden Schüttelreim vor:

Ich geh zum Paragrafenwald,
Denn die Kollegen schlafen bald.

Vielleicht nicht die ganz große Kunst, aber auch Goethe hat mal klein angefangen! Überhaupt waren die meisten deutschen Dichter Beamte! Außer Heinrich von Kleist, und der hat sich ja auch umgebracht! Weil er kein Beamter war? Ich bin überzeugt: Poesie braucht eben eine starke staatliche Basis, oder anders gesagt: Das Volk der Dichter und Denker hätte es ohne Beamte gar nicht gegeben. Meine Kombinationsfähigkeit schwingt sich zu neuen Höhen auf. Trotzdem erhalte ich nur eine Amalgamfüllung. Dr. Rösner kommentiert das seinerseits mit einem Schüttelreim:

Diese Plombe schmerzt mich sehr,
Denn die Kasse zahlt nicht mehr!

Er lächelt schadenfroh. Das Lächeln ist allerdings nicht mehr ganz so froh, als ich nebenbei anfrage, wann denn seine letzte Steuerprüfung erfolgt sei …

6.10.
Immer noch Zahnschmerzen. Dr. Rösner muss den falschen Zahn erwischt haben. Schaffe kaum Akten weg. Genau wie immer. Diesmal jedoch mit einem wirklichen Grund! Habe keine Einblicke in die Zusammenhänge zwischen Steuern und spirituellem Wachstum. Ein verlorener Tag für mich und das Universum! Beschließe dennoch, meine künftigen Geld-Mantren poetisch anzugehen.

7.10.
Kaffeemaschine getreten. Hat sie nicht zum Laufen gebracht, war aber ein grandioser Aggressionsabbau!

8.10.
Zahnschmerzen nicht besser. Überlege, ob ich Dr. Rösner noch eine Chance gebe oder gleich »den Zumwinkel mache«. So nennen wir es in der Fahndung nämlich seit jenem schicksalsträchtigen Tag im Februar 2008, wenn die Presse dabei sein darf, während wir die Bude auseinandernehmen.

11.10.
Dr. Rösner hat mir noch einen Termin gegeben. Unter der Bedingung, dass ich auf Poesie verzichte. Wieso bin ausgerechnet ich

umgeben von dumpfen Philistern? Ich muss zwei Stunden in der Praxis warten. Diese Menschen studieren jahrelang, sind aber anschließend nicht in der Lage, einen einfachen Termin zu machen! Wir von der Fahndung hingegen kommen, noch bevor die Menschen das Haus verlassen – und das Ganze völlig ohne Termin! Wer hat das bessere Zeitmanagement?

12.10.
Länger vor der Kaffeemaschine gesessen und versucht, ihr gute Energie zu schicken. Fange nach einigen Stunden an, mein Vorhaben zu bezweifeln. Vielleicht ist es für eine Kaffeemaschine anstrengend, Kaffee zu machen und ihrer Aufgabe nachzugehen? Vielleicht nutzt sie die gute Energie nur dazu, das zu tun, was ihr guttut?! Nämlich gar nichts!

13.10.
Entwickle statt Archivierung meine Yoga-Übungen. Eine Kapitalertragssteuer-Yoga-Stellung! Gerade als ich friedlich mit gespreizten Beinen auf dem Kopf stehe und vor meinem geistigen Auge auf die Kapitalerträge warte, kommt MR rein. Wochenlang nix von ihm gesehen, und ausgerechnet wenn ich in einer für die Prostata eher kompromittierenden Situation bin, kommt dieser Schuft …
Erkläre die Wichtigkeit der Stellung und die Konsequenzen für ein ganzheitliches Steuersystem. Ernte Unverständnis. Mache mir Sorgen um MRs geistige Gesundheit! Muss die Erfahrung verarbeiten. Will mir einen Kaffee holen. Scheitere. Versuche, die Erfahrung positiv zu deuten. Scheitere erneut.

14.10.
Lese einen Artikel über Suchterzeuger. Weiß jetzt, warum die Kaffeemaschine nicht geht. Um meine Gesundheit zu erhalten! Bin ihr dankbar. Sinniere über die vielen Gefahren, die der Wohlstand so mit sich bringt und die diesen zugleich bedrohen. Durch die man auch ohne Krise in die Miesen rutscht. Plötzlicher Ausbruch von Kreativität.

KAPITEL 1

WIE MAN OHNE MIESE ÜBERLEBT

Beim Aufbauen eines immensen Reichtums sollte man es vermeiden zu sterben, bevor man sein Ziel erreicht hat. Es gibt nur wenige Leichen, die weiterhin eine satte Rendite erwirtschaften – Michael Jackson mal ausgenommen! Um unnötige Todesrisiken zu vermeiden, ist es wichtig, auf supergefährliche Aktivitäten zu verzichten: Also keiner Gruppe schwerbewaffneter Taliban erklären, dass man sie in erster Linie für »katholische Cheerleader« hält, und zeitgleich mit einem US-amerikanischen Pass wedeln.

Ebenso die morgendliche Dusche. US-Forscher haben herausgefunden, dass in jedem dritten Duschkopf riesige Kolonien von Bakterien wohnen – die alle nur den einen Wunsch haben: Weitere Kolonien gründen! Vorzugsweise in der Lunge des ahnungslos Duschenden! Wie im Film *Alien* wollen diese Bakterien den menschlichen Körper nach und nach übernehmen, um ihn dann von innen her aufzuzehren. Während die Bakterien sich munter von Ihnen ernähren, sind Sie irgendwann zu schlapp zum Atmen!

Diese Bakterien lassen sich nicht mal mit Desinfektionsmittel bekämpfen! Versuche ergaben, dass mit Bleichmitteln gereinigte Duschköpfe anschließend eine dreimal höhere Bakterienbesiedlung aufwiesen! Mein vierjähriger Neffe hat ein erstaunliches Verständnis dieser wissenschaftlichen Zusammenhänge. Das Gebrüll, das er jedes Mal anstimmt, wenn er geduscht werden soll, zeugt von einem stark ausgeprägten Selbsterhaltungstrieb!

Dann sind da noch die üblichen Verdächtigen, die einem das Leben vorzeitig rauben können: Rauchen, Trinken sowie aufregender Sex mit Menschen, die ungefähr 70 Jahre jünger sind als man selbst! Wobei viele Greisinnen grinsend zu Protokoll geben, dass sie den Tod des Partners billigend in Kauf nehmen!

Die allermeisten Menschen aber sterben beim Arbeiten! Während in unerquicklichen Aktivitäten wie etwa Krieg jedes Jahr 300.000 bis 600.000 Menschen sterben, fallen der Arbeit etwa 2 Millionen Menschen zum Opfer! Anders gesagt: Beim Minensuchtrupp in Ruanda haben Sie eine bessere Überlebenschance als auf dem Trecker in Fallingbostel! Denn die meisten Menschen, die bei der Arbeit umkommen, sterben in der Landwirtschaft. Gefolgt von der Fischerei. Die Worte: »Ich werde mir meinen Riesenfang doch nicht durch die kleine graue Wolke da hinten vermiesen lassen!«, gehören zu den beliebtesten der »berühmten letzten Worte« von Hurrikan-Opfern.

Nach Landwirtschaft und Fischerei folgt der Flugverkehr: Flugzeugpiloten haben das dritthöchste Todesrisiko. Jedenfalls diejenigen unter ihnen, die kleine Privatmaschinen fliegen. Oder polnische Regierungsmaschinen. Sollten Sie Passagiere haben, die Ihnen einreden wollen, dass nur »russische Weicheier nicht in einem kleinen Nebel landen können«, sollten Sie sie umgehend aus dem Cockpit werfen!

Noch gefährlicher ist höchstens die morgendliche Fahrt zur Arbeit. Die meisten Menschen, die bei der Arbeit umkommen, sterben im Verkehr, also auf dem Weg zur selbigen – zur Arbeit! Sogar die meisten Polizisten, die übrigens ein sehr viel sichereres Leben führen als etwa Bergbauarbeiter, werden nicht etwa von Verbrechern getötet, sondern von Autofahrern!

Alles in allem ist »Arbeit« also eine ziemlich gemeingefährliche Sache, und die Tatsache, dass es immer weniger davon gibt, hat durchaus eine gesundheitsschonende Komponente! Wenn Sie »Arbeit« aus irgendeinem Grund doch nicht vermeiden können, etwa wegen familiären Drucks (»Dein Vater hat sich den Arsch aufgerissen, bis er am Schreibtisch einen Herz-infarkt erlitt – er tat es für dich!«), oder wegen teurer Hobbys (Frauen, Jagen oder auch Frauen-Jagen …), dann versuchen Sie wenigstens die Finger von der Krabbenfischerei in Alas-ka zu lassen. Das ist nämlich der tödlichste Job der Welt. Im Vergleich dazu sind Mafiakiller Gesundheitsfanatiker! Rein statistisch gesehen, versteht sich. Doch wer will behaupten, die Statistik lüge?

Ebenfalls unangenehm, wenn auch nicht ganz so häufig wie der »Tod durch Arbeit« ist es, vom Blitz erschlagen zu wer-den! Aber auch hier kann ich den Leser beruhigen: Statistisch gesehen doppelt so wahrscheinlich wie der Tod durch eine Himmelsentladung ist »Exitus per Asteroidis«! Der Einschlag eines großen Asteroiden, auch »Near Earth Object«(NEO) ge-nannt, passiert etwa alle Million Jahre einmal und ist somit schon seit einiger Zeit überfällig! Asteroiden beherrschen das von Marketingexperten geforderte »große Denken« (think big) – jeder von ihnen würde etwa 1 Milliarde Menschen tö-ten. Wenn die Gallier bei *Asterix & Obelix* also befürchten, dass ihnen »der Himmel auf den Kopf fällt«, sind sie erheblich re-alistischer als Menschen, die auf einen Lottogewinn hoffen!

MONEY-Tipp

Kündigen Sie Ihren Job! Arbeit ist zu gefährlich. Außerdem gelangt man ohne Ar-beit in eine günstigere Steuerklasse! Lassen Sie lieber Ihr Geld für sich arbeiten. Irgendwo in Singapur. Die Schweiz ist ja leider auch nicht mehr das, was sie mal war. Seit man dort vom Banking auf CD-Produktion umgestiegen ist.
Hören Sie außerdem mit der Duscherei auf! Der daraus resultierende und nach einiger Zeit unangenehm strenge Körpergeruch wird Menschen von Ihnen fernhal-ten, die Sie mit »Schweinegrippe«, SARS oder schlechten Gewohnheiten infizieren wollen. Ziehen Sie unter eine Brücke! Die frische Luft wird Ihnen guttun! Außerdem sparen Sie so die Miete.
Trinken Sie täglich ein Glas Rotwein! Um bei den neuen Freunden unter der Brücke nicht unangenehm aufzufallen, kann es ruhig ein großes Glas sein. Also ein Zwei-Liter-Glas! Und halten Sie sich von Asteroiden fern!

Legalität: 100 Prozent – Versagen ist gesetzlich erlaubt! In einigen Fällen sogar sehr lukrativ! Denken Sie bloß an einige Manager von großen, DAX-notierten Konzernen – Thomas Middelhoff (Ex-KarstadtQuelle), Jürgen Schmerz (Ex-Daimler), Klaus Kleinfeld (Ex-Siemens) . . .

Chance: 37 Prozent – Während Sie an der frischen Luft wohnen, überleben Sie vielleicht die Gefahren, die durch Arbeit entstehen. Es ist aber keineswegs sicher, dass Ihr Geld in Singapur sich wie prospektiert vermehrt!

Risiko: 63 Prozent – Es soll schon Leute gegeben haben, deren Leber das große Weinglas auf die Dauer nicht vertragen hat!

 MONEY-Yoga-Stellung

Obdachlosen-Asana

Legen Sie sich mit dem Rücken auf eine Yogamatte. Sollte die Yogamatte noch bei Ihrem (Ex)Partner sein, tun es auch die Kiesel am Flussufer. Bemerken Sie in diesem Fall den angenehmen Akupressureffekt an der Rückenmuskulatur. Während Sie entspannt weiteratmen und das Gewicht Ihrer Gliedmaßen immer schwerer wird, heben Sie langsam den rechten Arm (Linkshänder den linken) und führen ihn in einer gleichmäßigen Bewegung Richtung Mund. Stellen Sie sich vor, Sie hielten ein Zwei-Liter-Glas in der Hand. Versuchen Sie, möglichst wenig zu verschütten. Prost!

MONEY-Mantra (leicht lallend vortragen):
Ein Gläschen Wein,
Das muss schon sein.
Schenk mir sogleich ein zweites ein,
Auf dass Entspannung werde mein.

Slim K. führt das »Obdachlosen-Asana« durch. Kurze Zeit später gelang es ihm, den Restbestand seiner Obdachlosen-Zeitungen zu verkaufen. Alle beide. Zufall? Ich glaube kaum!

15.10.
Anruf von MR. Ob ich noch Steuer-Yoga betreibe? Verneine das. Notlüge. Traue MR nicht mehr über den Weg. Zu Recht. Seine nächste Frage zielt auf meine Einsichten hinsichtlich meiner Verfehlungen. Stelle die Gegenfrage, welche Verfehlung er meine? Meine Großbanken-Recherche? Die ergab, dass diverse große deutsche Banken ihre Kunden darin unterstützen, Steuergelder zu hinterziehen. Ist das eine Verfehlung? Oder meint er die Aktion, mit der ich die Verantwortlichen zur Strecke bringen wollte? Mit Namen und Bewegungsprofil? MR meint, es gebe eine mündliche Richtlinie, die besage, dass der Bankenstandort Deutschland unter allen Umständen zu schützen sei. Zu viel steuerlicher Druck sei da kontraproduktiv. Ich frage ihn, ob nicht viel eher der »Steuerhinterziehungsstandort Deutschland« geschützt werden solle. MR legt wütend auf. Bin erregt. Entspanne mich mit der Obdachlosen-Asana. Rezitiere Steuerparagrafen. Werde ruhig.

18.10.

Gerade als ich mitten in einer Tonnagesteuer-Yoga-Übung bin und singend über den Boden rolle, kommt MR rein. Mist! Fragt mich, was das wäre? Murmele etwas von verlorenen Reißzwecken. MR glaubt mir nicht und rauscht mit einem triumphierenden Lächeln wieder ab. Böse Vorahnungen. Beginnt mein Martyrium jetzt erst richtig?

19.10.

Grauenhafte Nacht. Träumte von einer Einkommensteuererklärung, die sich von selbst ausfüllt und automatisch die Beiträge ans Finanzamt überweist. Schummeln unmöglich. Ich arbeitslos. Albtraum! Und zwar einer, der nicht aufhören will. Auf einmal entdecke ich noch beim Träumen, dass ich süchtig bin! Nach Placebos! Müsste dringend aufhören. Aber wenn ich aufhöre und auf Placebos verzichtete – würde sich dann irgendwas ändern? Wache auf. Nehme ein homöopathisches Mittel. Fühle mich besser!

Meine Ahnung scheint mich getrogen zu haben. Darf ein Fahndungskommando begleiten. Razzia bei freiem Grafiker. Scheußlich. Wir fanden ihn halb verhungert auf dem Küchenfußboden, wo er entkräftet versuchte, eine Dose Billigravioli zu öffnen. Die Abschreibungen für den Leasing-Wagen, einen Mercedes CLS 380, den 120-Inch-Plasma-TV sowie den Blu-Ray-Disc-Rekorder im Büro hatten seine Steuerlast so stark ins Negative gezogen, dass für gewisse elementare Bedürfnisse kein Spielraum mehr da war!

20.10.

Ferien vorbei. Bin wieder im Gulag. So nenne ich mein Büro inzwischen, denn ich soll die bedrohlich wachsenden Aktenberge abtippen und auf Festplatte archivieren, wobei bewusst auf einen Scanner verzichtet wurde, der mir die Arbeit erleichtert hätte. Stalin wäre vor Neid erblasst. Das hat noch mal einen ganz anderen Folterfaktor als Straßenbau in Sibirien! Telefoniere vor lauter Frust mit Karl-Heinz. Er ist der einzige Freund, den ich noch habe. Naja, Freund … Ich kenne ihn einfach schon seit der Schule und habe irgendwie vergessen, seine Telefonnummer auszuradieren. Karl-Heinz freut sich sogar. Erzählt ganz begeistert von seinem neuen

Job: Taxifahrer. Ich gratuliere. Man sollte den Menschen das Prekariat so angenehm wie möglich machen. Dann streiten wir uns leider. Karl-Heinz ist nämlich Raucher! Nun habe ich per se nix gegen Raucher. Gut, sie stinken. Sie husten auch. Sie stinken und sie husten. Okay, und sie vergiften ihre Umwelt. Sie stinken, sie husten, sie vergiften ihre Umwelt, aber ansonsten sind sie ganz in Ordnung. Außer wenn sie grade Blut spucken! Karl-Heinz sieht das natürlich anders. Er sieht sich als verfolgte Minderheit.

»Die Zeiten sind wirklich rau,« klagt er. » Wenn dich früher eine Alte gefragt hat, ob du mal Feuer hast, dann war das ein Flirt! Heute ist das ein Mordversuch!«

Ich pflichte ihm bei. Laut Rechtsprechung in Florida, führe ich aus, darf man Menschen, die sich auf Partys eine Zigarette anzünden, sogar erschießen, wenn man »sich dadurch direkt bedroht fühlt«! Diese Bemerkung trägt nicht dazu bei, Karl-Heinz' Laune zu steigern.

»Hör mal«, jammert er. »Rauchen in öffentlichen Räumen kostet jetzt bis zu 1000 Euro Strafe! Überleg mal! 1000 Euro! Das ist drastisch! Wenn du für Rauchen in öffentlichen Räumen bereits 1000 Euro zahlst, was kostet dann ›Furzen in geschlossenen Fahrstühlen‹?«

»Vermutlich kann man dann einen Offenbarungseid leisten«, pflichte ich ihm bei. Ich unterdrücke die Bemerkung, dass diese Strafen ja auch eine therapeutische Wirkung haben können. Oder sollen. Erinnere mich an Ute. Mit Ute hatte ich mal was. So eine Art Liebesgeschichte. Es kam allerdings nie zu … Naja, also halt nicht zum … Es kam zu nix! Sie war Raucherin. Und immer, wenn ich sie küsste, war mir, als müsse ich frühmorgens eine ganze Kneipe sauberlecken. Rauchen ist das erfolgreichste Verhütungsmittel, das je erfunden wurde!

Karl-Heinz kam richtig in Fahrt. »Und dann diese ganzen Kurse, mit denen sie den Menschen das Rauchen abgewöhnen wollen. Jede Minderheit kriegt ihren eigenen Anti-Raucher-Kurs! ›Nichtrauchen für Migranten!‹ – ›Nichtrauchen für Drogendealer!‹ – ›Nichtrauchen für Frauen‹!«

Ich weise ihn darauf hin, dass Frauen keine Minderheit sind!

»In diesen Kursen schon! Eh, ich habe neulich tatsächlich einen Kurs gesehen mit dem Titel: ›Wenn Frauen rauchen wie Männer, sterben sie auch wie Männer!‹ Das ist doch Quatsch! Warum, bitte schön, sollte eine Frau, bloß weil sie raucht, auf einmal lachend im Puff einen Abgang machen?«

Das weiß ich auch nicht. Aber vielleicht hat er nicht ganz unrecht. Erzähle ihm, wie ich vor Kurzem auf dem Flughafen München eine Glaskabine entdeckte, in der sich ein paar etwas unglücklich wirkende Raucher versammelt hatten und grimmig ihrem Hobby nachgingen. Ich war erfreut über den Versuch, die Raucher vor Gewalt zu schützen und diese aussterbende Spezies für die Nachwelt zu konservieren. Einige kleine Kinder sprangen vor dem Raucherterrarium auf und ab und schnitten Grimassen in der Hoffnung, dass die Raucher sie nachmachen würden wie die Affen im Zoo. Als die Kleinen die Raucher anschließend mit Bananen füttern wollten, hielt die Mutter sie mit den Worten ab: »Lasst das, die sind doch sowieso bald tot!«

»Genau«, ruft Karl-Heinz, »das ist diese Arroganz der Nichtraucher! Neulich sprech ich drei junge, hübsche Dinger an. ›Habt ihr mal Feuer?‹, sag ich. ›Nee‹, sagt die erste, ›wir rauchen nicht.‹ – ›Ja‹, flötet die zweite, ›wir sind gute Mädchen.‹ – ›Ehee‹, pfeift die Dritte, ›wir kommen nämlich in den Himmel!‹ – ›Klar‹, sag ich, ›aber wenn ihr nicht raucht – dann kann das noch verdammt lange dauern!‹«

Jetzt ist er nicht mehr aufzuhalten und fast am Brüllen.

»Ist dir klar, was passiert, wenn sich dieser Nichtraucherwahn durchsetzt? In ehemals verqualmten Diskotheken macht sich neuerdings bemerkbar, wer so alles mit Mundgeruch rumläuft! Oder mit Schweißfüßen! Und wer Blähungen hat! All diese Gerüche wurden vorher vom Rauch geschickt überlagert. Lohnt sich eine Nichtraucherwelt, die ausstirbt, weil niemand mehr Lust auf Sex nach der Disco hat?

Er macht mich nachdenklich.

»Wer hält denn hier den Laden am Laufen? Welcher anderen Bevölkerungsgruppe ist es egal, ob sie die in die Rente gezahlten Gelder auch nur ansatzweise wiederkriegt? Wer sonst zahlt mit so wenig Murren Steuern, also Tabaksteuern? Wer sorgt mit blöden Anmachsprüchen wie ›Haste mal 'ne Fluppe?‹ für Gesprächsstoff zwischen Singles, vergisst dann im Suff das Kondom und kreiert so eines unserer ach so selten gewordenen Kinder? Wer? Ein einzelner Kettenraucher finanziert bei nur vier Schachteln am Tag über die Tabak-steuer im Laufe seines kurzen Lebens bis zu 17 Kindertagesstätten! Aber wird das Engagement dieser diskriminierten Randgruppe gewürdigt? Nein! Verhöhnt wird er, gepiesackt, bei WG-Partys auf den eiskalten Balkon getrieben! Wo er leider vielfach verfrüht den Lungenentzündungstod stirbt, was ihm die Möglichkeit nimmt, die Volkswirtschaft weiter zu stärken, um erst mit 70 vom ebenfalls demografiefreundlichen Lungenkrebs dahingerafft zu werden. Und warum? Um den Nichtraucher zu schonen, diese Spaßbremse! Oder, wie es in Fachkreisen heißt – den Passivraucher. Menschen, die zur Vermeidung teurer Zigaretten quasi schwarz mitqualmen. Letztlich also (Tabak)Steuerhinterzieher! Schmarotzer wie dich!«

Ich bin beeindruckt. Karl-Heinz legt auf, weil seine Schicht beginnt. Freue mich auf einmal über die Rückständigkeit meiner Telefon-anlage – in ganz Deutschland werden Rufnummern gespeichert. Nur bei mir nicht – die Anlage auf meiner Etage wirkt so antiquiert, als hätte Hermann Göring persönlich sie noch installiert! So kann niemand nachvollziehen, mit wem ich rede. Mache eine mentale Notiz, die Anlage bei Geldnot an al-Qaida unterzuvermieten!

21.10.
11.15 Uhr – ich muss die Uhrzeit aufschreiben, weil ein Wunder ge-schehen ist. Um diese Zeit trifft mich die Erkenntnis: Karl-Heinz hat recht! Der Raucher ist ein Held! Und die Steuer macht ihn dazu! Ver-fasse einen spontanen Artikel, den ich irgendwann nach meinem Tod veröffentlichen werde:

KAPITEL 2

WIE MAN GEGEN DIE KRISE ANRAUCHT

Deutschlands Steuersystem adelt Nikotinsüchtige! Denn über die Tabaksteuer ist Rauchen soziales Engagement! Der Begriff »Kettenraucher« ist nicht nur diskriminierend, sondern auch veraltet. Das sind »hoch motivierte Staatssponsoren!« Statt »Raucherhusten« sollten wir »temporäre Finanzschwäche« sagen! Und ein Zigarettenende ist keine »Kippe«. Sondern ein »Restguthaben!«

Habe eine Vision: Der Konflikt zwischen Rauchern und Nichtrauchern wird ähnlich gelöst wie das Feinstaubthema in Großstädten. Raucher müssen einen sogenannten »Raucher-Kat«, kurz »R-Kat« tragen. Diese schicke kleine Gasmaske filtert die beim Rauchen austretenden Gase, bis nur noch Wasserstoff übrig bleibt. Ist der R-Kat optimal eingestellt, erhält der Raucher eine Plakette, mit der er auch Innenstadt-Restaurants frequentieren darf! Das hat Vorteile für alle: Nichtraucher werden durch keinen Qualm belästigt, und Raucher können sicher sein, dass niemand »schwarz« mitraucht.

Oder noch besser: Emissionshandel! Ein Raucher kauft im Restaurant von den anwesenden Nichtrauchern Emissionsrechte und kann im Anschluss ans Essen gemütlich eine Zigarre paffen! Bei einer genügenden »Raucherdichte« können Nichtraucher bei einem einzigen Wohltätigkeitsdinner die kompletten Verluste ihrer Lehman-Zertifikate ausgleichen!

 **MONEY-Tipp für Raucher**

Gewöhnen Sie sich an, nur noch auf Partys zu gehen, auf der ausschließlich rauchende Gäste vertreten sind. Nur dort können Sie sich sicher sein, dass niemand »schwarz« Nikotin Ihrer teuren Zigaretten mitinhaliert! Eröffnen Sie einen Begleitservice für Menschen, deren Partner nicht rauchen – führen Sie diese unterdrückten Kreaturen in die angesagtesten Raucherspelunken der Stadt. Verwandeln Sie das Leben einsamer Sünder in ein Nikotinfestival – dann verwandelt sich auch Ihr Geldbeutel in ein Eldorado des blauen Dunstes!

Legalität: 100 Prozent – Noch ist Rauchen in einigen wenigen Reservaten gestattet. Das verhindert allerdings nicht ein gewisses …
Restrisiko: 17 Prozent – Allein der Anblick einer Zigarettenschachtel in einem vegetarischen Restaurant kann die ansonsten sehr friedfertigen Gemüsefresser zu einem Ku-Klux-Klan des freien Atems werden lassen!
Chance: 125 Prozent – Ihr »Smoke-and-Survive«-Service wird bei geschickter Vermarktung eine gigantische Erfolgsgeschichte. Die Sie dann wiederum in Buchform vermarkten können! Und in Hörbuchform. Und als Spielfilm. Mit Viertvermarktung als DVD!

 MONEY-YOGA-ÜBUNG FÜR RAUCHER

Smoke-Asana, die Rauch-Stellung

Stellen Sie sich im breiten Chi-Stand mit offener Brust hin und strecken Sie die linke Hand mit der Handfläche nach oben aus, als wollten Sie etwas empfangen. Die rechte Hand heben Sie auf Mundhöhe vor Ihr Gesicht, halten Sie dabei zwei Finger leicht geöffnet, als wollten Sie eine Zigarette greifen. Die anderen Finger haben Sie zur lockeren Faust geschlossen. Entspannen Sie in die Position hinein und singen Sie nach 3 bis 4 tiefen Atemzügen aus dem Bauch heraus das Mantra. Fühlen Sie dabei, wie der Reichtum durch Ihren Körper fließt. Nehmen Sie dabei alle Sinne zu Hilfe, schmecken Sie den Reichtum, riechen Sie den Reichtum … Falls Sie keinen Reichtum riechen, sondern nur einen erkalteten Aschenbecher – keine

Panik. Sie haben bereits erfolgreich die komplette Altersvorsorge in Teer investiert!

MONEY-Mantra
Endlich hat mein Leben Sinn,
Weil ich jetzt ein Raucher bin!

Kleine Fehler beim Ausführen der Smoke-Asana macht Nikoleta R. durch einen forschen Gesichtsausdruck wieder wett. Fröhlichkeit und Nikotin können eine machtvolle Symbiose eingehen!

22.10.

Akten gehen schleppend. Habe aber einen weiteren Geistesblitz! Das Gespräch mit Karl-Heinz hat mir die Augen geöffnet – ich will mir schließlich nicht nachsagen lassen, ich hätte keine Kitas unterstützt! Zünde mir deshalb eine Zigarette an. Während der Dunst durch meine Nüstern entweicht, entsteht vor meinem inneren Auge eine Vision: Ich, Treiber, gesegneter Finanzbeamter, werde die Menschheit ganzheitlich vor finanziellen Verlusten bewahren! Mit Geld-Tipps, MONEY-Yoga und mit Mantras! Ab jetzt geht's wirklich ohne Miese durch die Krise!

Mitten in diesen Gedanken klingelt das Telefon. MR fragt, was die Archivierung so mache. Entdecke ich einen höhnischen Unterton in seiner Stimme?

»Gut«, antworte ich vorsichtig, während ich weiteren Kita-Unterstützungs-Qualm in den Hörer blase. Kann sein, dass MR Verdacht schöpft, jedenfalls fragt er plötzlich, ob ich etwa im Dienst rauche. Drücke hastig die Zigarette aus und verneine. Kann aber nicht umhin, MR von meinen neuen Erkenntnissen in Bezug auf Raucher zu erzählen. Vermeide es allerdings, Karl-Heinz zu erwähnen. MR reagiert mit Unverständnis. Tue mein Bestes, ihn zu überzeugen.

»Denn die Steuer, MR …

»Für Sie immer noch HERR Müller-Rangsdorff«, zickt MR dazwischen.

»Die Steuer, Herr Müller-Rangsdorff, adelt den Raucher! Wer bringt denn das Land nach vorne? Wer investiert in Krisenzeiten? Über die Tabak-, Sekt- und Branntweinsteuer jener Menschen, die viel rauchen und die viel saufen. Der Penner unter der Brücke ist im Grunde der Motor der Konjunktur!«

Rede mich in Fahrt!

»Herr Müller-Rangsdorff, wenn Sie das nächste Mal einem Penner 1 Euro geben, denken Sie bitte nicht: Mensch, hoffentlich versäuft der das nicht gleich wieder! Beten Sie lieber, dass er sich davon keine Karotten kauft! Denn die solches tun, Herr Müller-Rangsdorff, Menschen, die sich eiskalt Karotten kaufen, das sind keine sozialen Wesen, die bei ihrem Kaufverhalten an die Finanzierung von Kitas denken, von Schulen und Gefängnissen, nein, Herr Müller-Rangsdorff, das sind die ganz Schlimmen, das sind ÖKOS! Die leben ewig, und das auch noch schlecht gelaunt!«

MR findet einen fadenscheinigen Grund, um aufzulegen. Zünde zufrieden die nächste Zigarette an. Freue mich zum ersten Mal seit langer Zeit aufs Wochenende. Will ungestört Kindertagesstätten fördern!

25.10.

Kratziger Hals. Acht Schachteln waren vielleicht doch etwas viel! War am Sonntag im Park und sah viele glückliche Kindergesichter. Kein Wunder, bei dem Einsatz, den ich für die kleinen Racker zeige! Versuche den Faden meines Finanzprogramms für Deutschland wieder aufzunehmen. Wo war ich, als MR am Freitag anrief? Atme tief ein. Sauge den Tabakqualm in meine schmerzende Lunge. Ja, es ist unangenehm, aber hier geht es um etwas Größeres!

Geld-Mantras! Ein Licht scheint durch den Nebel. Oder ist es die Schreibtischlampe durch den Zigarettenrauch? Egal, die Stimmung ist heilig.

Habe eine Vision! Wer meinen Finanzratgeber in Händen hält und alle Mantras nachweislich 108 Mal hintereinander intoniert, das Ganze drei Monate lang, und wer dazu alle MONEY-Yoga-Stellungen ausführt, und trotzdem n i c h t r e i c h e r w i r d …

… der erhält sein Geld zurück!

26.10.

Sitze vor der Kaffeemaschine und rauche. Denke nach. Vielleicht hat die Maschine ein Nikotindefizit? Blase ihr etwas Zigarettendampf durch den Filter. Nichts. Wenn das blöde Ding wirklich ein Nikotindefizit hat, lässt es sich jedenfalls nichts davon anmerken! Vielleicht praktiziert die Kaffeemaschine heimlich Zen-Übungen und übt sich in der höchsten Kunst, die es in der Behörde geben kann: Nichtstun!

27.10.

Finanzielle Beobachtung nach gestrigem Lebensmittelkauf. Früher brauchte man extreme wirtschaftliche Inkompetenz, widrige Rahmenbedingungen und eine ausgewachsene Spiel- und Bordellsucht, um ein mittleres Vermögen durchzubringen. Heute reicht schon Einkaufen im Bioladen!

Aber als ganzheitlicher Finanzbeamter komme ich nicht umhin, im Bioladen einzukaufen. Schließlich ist auch mein Finanz-Konzept irgendwie Bio! Verfasse ein neues Kapitel.

KAPITEL 3

WIE MAN DER KRISE MIT BIO TROTZT

Betrachtet man die Veränderungen, die in den letzten Jahren im Bioladen stattgefunden haben, kann man sehr gut die Richtung erkennen, die die kapitalistische Gesellschaft eingeschlagen hat.

Vor etwa 20 Jahren, als Bioläden noch in den Kinderschuhen steckten und ich noch ein spontaner Landkommunen-Anhänger war, gab es diese kleine, kuschelige Mugi-Miso-Schwarzbrot-Hütte. Innendrin prinzipiell alles aus Holz, da Natur. Fußboden aus Holz. Regale aus Holz. Kasse aus Holz! Selbst die Bedienungen wirkten etwas hölzern! Man bekam unweigerlich den Eindruck, dass für jeden Bioladen ein kompletter Wald dran glauben musste!

Heute jedoch gibt es meist den Bio-Supermarkt, und der ist groß, geräumig, hell und mit Computercodes gespickt. Die Böden sind aus elegantem PVC und die Wände in diesem warmen Gelbton gestrichen. Jenem warmen Gelbton, der heute fast alles schmückt, seit weiße Wände als zu »kalt« diskriminiert werden. Ein warmer Gelbton, der fatalerweise so wirkt, als hätte ein Lachs … nun ja … entschuldigen Sie die Ausdrucksweise … draufgekotzt!

Früher roch der Bioladen auch anders. Da war dieses unvergessliche Aroma irgendwo zwischen Patschuli-Räucherstäbchen und ungewaschenen Achseln!

Heute hingegen riecht der Bio-Supermarkt nach dem frischen Duft der Zitrone. Ah, die Frische der Zitrone! So riecht es auch in meinem Klo! Finde das hilfreich. Immer, wenn ich in einen dieser Märkte komme, die wie meine Toilette riechen, weiß ich – entschuldigen Sie nochmals meine Ausdrucksweise: Hier will mir jemand Scheiße verkaufen!

Dazu wird die unvermeidliche Musik serviert. Horror! Dieser »Wir müssen dem Kunden in jedem Geschäft die Ohren vollnöhlen, weil irgendein sadistischer Marketingsack meint, dass dann der Umsatz nach oben geht«-Musikquark, passend zum Zitronenduft.

Zugegeben, Musik gab es im Bioladen auch früher schon, die sehnsuchtsvollen, etwas traurigen Klänge der Shaku-hachi-Bambusflöte, zu deren Klängen sich einsame japanische Hausfrauen in einsamen japanischen Seen ertränkten, weil sie den Tofu zu trocken gebacken hatten! Inzwischen jedoch spielen sie auch im Bio-Supermarkt diese fröhliche Panflöte mit Synthesizer-Orchester, die gerade dabei ist, eine Beatles-Melodie zu vergewaltigen! Eine Musik, die automatisch Fluchtinstinkte weckt. Ich musste neulich auch ganz schnell gehen. Wollte einfach nur weg. Konnte noch nicht mal mehr zahlen … Wer erlaubt diesen Verbrechern, wertvolle Musik derart zu verunstalten?

Auch an der Gemüsetheke hat sich Einiges getan! Vor 20 Jahren wirkte das Gemüse stets ein wenig schlaff, so als hätte es in seiner Kindheit irgendwelche scheußlichen Erfahrungen gemacht! Heute jedoch ist das Gemüse knackig! Noch knackiger als das Gemüse ist nur noch der Preis! Nicht umsonst spricht man mittlerweile von »buntem Gold«! Ich warte geradezu auf das Werbeplakat über dem Gemüsestand: »Investieren Sie in Agrarrohstoffe – mit den Profis von heute in die Märkte von morgen!« Das Problem ist nur, dass die meisten Menschen keine liquiden Finanzreserven mehr haben werden, wenn sie den Biomarkt verlassen, weil sie bereits alles in diese Agrarrohstoffe investiert haben! Falls sie noch bei Schlecker einkaufen wollen, müssen sie dafür ihre Windmühlenfonds auflösen.

An der Kasse bemerkt man den größten Unterschied von allen: Das Personal des Bioladens. Früher zu Sponti-Zeiten kamen die immer grad zurück von irgendwelchen Peace-Demos, randvoll mit Aggressionen, mühsam lächelnd. Ah, dieses herrlich angestrengte Lächeln, aus dem sich die Worte »Hallo, du!« quetschten. In den Kiefern steckte eine derartige Aggression – wäre denen ein Pitbull im Park blöde gekommen, hätten sie ihn ohne Weiteres per Genickbiss erledigt!

Heute dagegen sind die Jungs und Mädels an den Kassen wirklich entspannt. So entspannt, dass man sie wecken muss. Dann doch lieber die Pitbull-Variante!

Und noch etwas hat sich beim Personal geändert. Das weibliche Personal des Bioladens wirkte damals häufig, als trügen sie das personifizierte kollektive Gedächtnis sämtlicher Misshandlungen während des Dreißigjährigen Krieges als gefühlte Erinnerung in der Zellmembran! Auch das ist heute anders. Heute wirken die Männer genauso!

Bio-MONEY-Tipp

Investieren Sie in Agrarrohstoffe. Gründen Sie einen Bio-Supermarkt inklusive Versandhandel. Veröffentlichen Sie ein Buch, in dem Sie medienwirksam beschreiben, dass Ihre Lebensmittel nicht nur biologisch-dynamisch bis in die Apfelkernspitzen sind, sondern auch mit Anti-Gen- und Vitamin-Informationen bestrahlt wurden! Veröffentlichen Sie Studien, die belegen, dass Ihr Gemüse voller positiver Lebensenergie steckt, seit es einen Wochenendkurs in Familienaufstellung absolviert hat! Nützen Sie die Zuwachsraten biologischer Ernährung und scheffeln Sie Kohle!

Legalität: 150 Prozent – Wenn Sie es ganz schlau machen wollen, ziehen Sie nach Görlitz und beantragen EU-Beihilfen für strukturschwache Gegenden.

Chance: 97 Prozent – Bio ist die Zukunft. Aber nur, wenn Sie sich an die ewige Duzerei gewöhnen können!

Risiko: 18 Prozent – Sollte die FDP irgendwann einmal die Alleinherrschaft erringen, kann es sein, dass ein paar EU-Beihilfen gestrichen werden. Zum Ausgleich müssen Sie dann allerdings auch keine Steuern mehr zahlen – schließlich sind Sie inzwischen Millionär!

Bio-Asana

Beißen Sie die Zähne aufeinander. Fest. Noch fester! Und halten! Und atmen! Und entspannen! Spannen Sie sich wieder an! Beißen Sie wieder zu. Wiederholen Sie die Übung täglich 50 Mal. Ihre Kiefermuskeln werden stark und stärker. Vielleicht sind Sie trotzdem nicht in der Lage, einen Pitbull totzubeißen, aber die meisten Hunde werden Ihre Kiefermuskeln honorieren. Besonders, wenn Sie entsprechend knurren! Außerdem können Sie dann im Bioladen genauso verkniffen grinsen wie die anderen auch!

Jetzt lassen Sie Ihre Schultern etwas nach vorne hängen und setzen Ihr freundlichstes Pitbull-Grinsen auf. Fühlen Sie sich voll easy und bio. Das Geld wird zu Ihnen kommen, weil Sie so relaxed sind. Oder, weil Sie ein Bio-Imperium besitzen. Werden Sie noch etwas relaxter! Intonieren Sie das Mantra!

BIO-MONEY-Mantra

Hab reichlich Moos in meiner Kasse –
Dank Bio läuft der Laden klasse!

Janine H. übt gemeinsam mit Treiber das Bio-Asana. Die Verkniffenheit des Grinsens trägt erste Früchte – zärtlich schmiegt sich eine Pflanze, die 100 Prozent Bio ist, um ihren Nacken!

STARKE KIEFERMUSKELN FÜR DAS RICHTIGE GRINSEN **41**

28.10.

Übe meine Bio-Yoga-Asana. Beiße in die Akten. Zugegeben – kein besonders erwachsener Ausdruck des Protestes, aber ich habe Spaß. Erfolgreicher Tag: Die Kraft meiner Fantasie hat mich immerhin einen Leitz-Ordner-Deckel durchbeißen lassen!

29.10.

Karl-Heinz ruft an. Muss einen Beamten-Witz los werden.
»Was tut ein Beamter, der in der Nase bohrt? Er holt das Letzte aus sich heraus …«
Er wiehert los und legt wieder auf. Finde den Witz primitiv. Rufe trotzdem MR an, um ihm den Witz weiterzuerzählen. MR findet den Witz auch nicht komisch. Das stimmt mich so froh, dass ich noch schnell eine Packung Zigaretten rauche und bestgelaunt ins Wochenende gehe.

1.11.

Habe Samstag Ute wieder getroffen. Meine Flamme vom Gymnasium. Die mit dem ekligen Kneipen-Zigaretten-Geruch. Purer Zufall. War mit Karl-Heinz in der Kneipe und plötzlich steht sie da. Sieht sogar noch viel besser aus als damals. Einmalige Chance. Schließlich bin ich jetzt auch Raucher. Dank dieser De-Sensibilisierung geruchsmäßig etwas gedämpft. Eigentlich riech ich gar nichts mehr. Optimale Voraussetzungen. Erwartungsvoll blase ich ihr etwas Rauch ins Gesicht. Sie wendet sich angeekelt ab. Inzwischen Nichtraucherin. Mist!

2.11.

Nach meiner gestrigen Pleite wende ich mich wieder sachlicheren Themen zu. Die Deutsche Bank hat vor nicht allzu langer Zeit wieder mal einen Rekordgewinn verkündet! Das traut man sich als Banker mittlerweile ja wieder. Schade.
Für mich war der schönste Nebeneffekt dieser Finanzkrise, dass Bankiers einfach mal 'ne Zeitlang die Schnauze halten mussten. Teilweise haben die sich gar nicht mehr aus dem Haus getraut. Weil die Stimmung so feindselig war. Ein Bekannter von Karl-Heinz hat das am eigenen Leib erfahren müssen. Der Typ war Bankkaufmann

und stand eine Woche nach dem Lehman-Brothers-Desaster auf einer Party rum. Im Laufe des lockeren Small Talks kam irgendwann die unvermeidliche Frage:

»Und – was machen Sie so beruflich?«

Er setzte grade an und wollte sagen:

»Ich bin Bank…«

Da merkte er, wie auf einmal um ihn herum die Stimmung gefror und die Menschen einen sehr feindselig wirkenden Kreis um ihn bildeten. Er musste blitzschnell reagieren.

»Ich bin Bank…äh…räuber!«

Sofort entspannte sich alles. Wildfremde Menschen klopften ihm auf die Schultern, reichten ihm Adressen potenzieller Wirkungsstätten und wollten wissen, ob sein Betrieb auch ausbilde!

Zünde mir eine Zigarette an und verfasse weitere Finanztipps.

KAPITEL 4

WIE MAN ALS BANKIER OHNE MIESE DURCH DIE KRISE KOMMT

Seit der Bankenkrise und den Vorgängen um die Hypo Real Estate und Commerzbank ist endgültig klar, wo der elementare Unterschied zwischen Sozialismus und Kapitalismus liegt: Im Sozialismus wurden die Banken erst verstaatlicht und dann ruiniert, im Kapitalismus geht es genau andersrum!

Andererseits haben Bankiers auch Verdienste. Gerade amerikanische Banker! Man hat in den USA schon länger eine Wahnsinns-Panik, dass das Land von islamistischen Terroristen zerstört werden könnte. Um das abzuwenden, setzten sich ein paar findige Herren an der Wall Street hin und überlegten im Vorfeld der Bankenkrise, wie man denn verhindern könne, dass islamistische Terroristen Amerika zerstören. Dazu fiel ihnen ein uraltes amerikanisches Motto ein: Do it Yourself!

Bankiers machen manchmal sogar vor, wie man ohne Miese eine Krise übersteht: Vor einiger Zeit war ein Deutsche-Bank-Chef (Josef Ackermann) wegen schwerer Untreue angeklagt. Weil er dem damaligen scheidenden Mannesmann-Chef Klaus Esser eine Abfindung hatte zukommen lassen, die um einige Millionen Euro zu hoch schien. Wenn es um Millionen-Abfindungen geht, werden Banker nämlich gerne mal total locker. Was besonders merkwürdig ist, wenn man weiß, wie verkniffen sie bei Kreditanfragen sein können.

In luftigen Höhen muss man sich um Geld keine Sorgen mehr machen. Ackermann verdiente im Jahr 2007 etwa 14 Millionen Euro. Bei etwa 250 Arbeitstagen im Jahr waren das schlappe 50.000 Euro am Tag! Unglaublich! Wenn der Mann zehn Minuten auf Toilette war, hatte er in der Zeit faktisch 931 Euro verdient! So etwas kann man schon gar nicht mehr »guten Stuhlgang« nennen, das ist eine »fette Dividende«!

Zugegeben, die Zeiten sind auch für Bankchefs nicht mehr ganz so fett. 2008 verdient Ackermann gerade mal ein Zehntel! Auf der Toilette kämen nur noch 93 Euro zusammen – viele Banker fragten sich da verzweifelt: »Klo – lohnt sich das noch?«

 **MONEY-Tipp**

Werden Sie nicht Bankräuber! Verzichten Sie auf Waffen und Strumpfmasken. Das führt nur zu Verletzten oder, noch schlimmer, Hautallergien! Werden Sie stattdessen Vorstand der Bank und klauben Sie so viele Bezüge zusammen, wie es irgend geht. Segnen Sie hochriskante Transaktionen ab. Warten sie auf den Zusammenbruch und den Rettungsschirm! Springen Sie ab. Wir sehen uns in Marbella!

Legalität: 100 Prozent – Sie handeln in einem gesetzlich vorgegebenen Rahmen. Das Ganze hätte ja auch gut ausgehen können …

Chance: 100 Prozent – Wenn die Spekulation aufgeht, werden sie reich. Wenn nicht, zahlt der Steuerzahler!

Risiko: 16 Prozent – Achten Sie darauf, Ihr Auto nicht in Berlin-Kreuzberg abzustellen. Auch die Verhöhnung armer Menschen sollten Sie in schweren Zeiten etwas subtiler angehen!

 MONEY-Yoga-Übung

Ackermann-Asana!

Verlassen Sie einen Gerichtssaal. Atmen Sie tief und freudig. Heben Sie den rechten Arm, machen Sie eine Faust und spreizen Sie Zeige- und Mittelfinger zu einem V oder Victory-Zeichen. Ziehen Sie die Mundwinkel nach oben und blecken Sie die Zähne (man könnte es auch lächeln nennen). Warten Sie auf das Klicken der Kameras und die entsetzten Blicke Ihres Pressereferenten. Fühlen Sie sich als Sieger!

MONEY-Mantra

Ich interessier mich nicht für Jutta, Gabi und Brigitte,
Doch stets für 25 Prozent Eigenkapitalrendite!

Shirley H. und Marc B. zeigen ein begeistertes Ackermann-Asana, obwohl sie keine Schweizer sind!

3.11.

Bin immer etwas angewidert, wenn jemand mir zum x-ten Mal erklärt, wie kompliziert das deutsche Steuersystem sei. Was soll daran so schwierig sein? Wie viel Steuern gibt es denn schon groß? Es gibt die Lohnsteuer, und es gibt die Einkommenssteuer! Schluss! Aus die Maus!

…

Okay. Zugegeben: Es gibt es auch noch die Mehrwertsteuer, manchmal Umsatzsteuer genannt. Und dann noch die KFZ-Steuer. Und die Verkehrssteuer. Meinetwegen auch noch Flughafensteuer, Versicherungssteuer, Grundsteuer, Grunderwerbssteuer, Gewerbesteuer, Gemeindesteuer, Hundesteuer, Tabaksteuer, Mineralölsteuer, Pflegesteuer, Erbschaftssteuer, Besitzsteuer, Vermögenssteuer, Verbrauchssteuer, Kapitalertragssteuer, Kapitalverkehrssteuer, Kapitalzinssteuer, Kirchensteuer, Einfuhrsteuer, Einfuhrumsatzsteuer, Getränkesteuer, Sektsteuer, Biersteuer, Spielbanksteuer, Beförderungssteuer, Schenkungssteuer, Ergänzungssteuer, Baulandsteuer, Feuerschutzsteuer, Spielkartensteuer, Jagd- und Fischereisteuer, Kaffeesteuer, Salzsteuer, Tonnagesteuer, Süßstoffsteuer, Essigsäuresteuer, Schankerlaubnissteuer, Börsenumsatzsteuer, Zinsabschlagsteuer, Lustbarkeitssteuer, Schaumweinsteuer, Rennwett- und Lotteriesteuer, Stromsteuer, Körperschaftssteuer, Verpackungssteuer, Speiseeissteuer, Zweitwohnsteuer. Plus die eine oder andere Anlage: Also Anlage N, Anlage KAP, Anlage SO, Anlage FW, Anlage V, Anlage AUS, Anlage GSE, Anlage FE 1, Anlage FE 2, Anlage FE 3, Anlage FE 4, Anlage K 1, Anlage K 2, Anlage L, Anlage VM, Anlage Kind, Anlage R, Anlage Wobau. Aber das war´s auch schon. Im Großen und Ganzen!

Gut, es gibt vielleicht doch ein paar Steuerarten zu viel. Das hat aber auch Vorteile. Wer jeden Tag diese Steuern auswendig aufsagt, braucht kein Gehirnjogging mehr!

Steuern sind also nicht nur gut fürs Gemeinwesen, sondern auch für die Gesundheit!

4.11.

Mich beschleicht ein furchtbarer Verdacht. Weiß überhaupt irgendjemand, was Geld eigentlich ist? Rufe MR an und stelle ihm diese

Frage. Er eiert rum, murmelt irgendetwas von Geldmengen M1, M2, M3 und ausgeliehenen Fahrrädern. MR hat keine Ahnung. Das kann man ihm noch nicht mal verdenken. Schließlich geht es den größten Experten der Welt ganz ähnlich. Verfasse ein weiteres Kapitel meines Aufklärungsbuches.

KAPITEL 5

WIE MAN OHNE MIESE EIN FAHRRAD KAUFT

Alan Greenspan, ehemaliger Chef der amerikanischen Notenbank, konnte die Frage nach der Natur des Geldes nicht zufriedenstellend beantworten. Im Jahr 2000 sagte er: »Das Problem, das wir haben, ist, wie wir Geld definieren. Laut Definition sind alle Preise das ›Verhältnis eines Austauschs einer Ware gegen Geld‹. Und wir versuchen herauszufinden, was das ist.« Daraufhin fragte ein Senator des US-Finanzausschusses: »Es ist also schwer, etwas zu managen, das man nicht definieren kann?« Was Greenspan so beantwortete: »Es ist unmöglich, etwas zu managen, das man nicht definieren kann!«

Gerate ins Grübeln. Schon eine komische Sache mit der Kohle. Nehmen wir an, ich habe 1000 Euro über. Diese 1000 Euro bringe ich zur Bank. Die Bank behält 100 Euro als Sicherheit und verleiht die restlichen 900 Euro. Dann glaubt der, der sich das Geld geliehen hat, 900 Euro ausgeben zu können, was er auch tut. Nehmen wir mal an, dass er ein Fahrrad kauft. Dann glaube ich, dass ich 1000 Euro besitze, weil ich sie immerhin auf meinem Kontoauszug sehe. Die Bank hat 1000 Euro, die in ihren Büchern stehen. Der mit dem Fahrrad meint, ein Fahrrad zu besitzen, das 900 Euro wert ist. Das sind schon drei Leute, die glauben, fast 1000 Euro zu haben! Ärgerlicherweise wird das Fahrrad geklaut. Das ärgert erst mal den, der jetzt kein Rad mehr hat. Und auch keine Möglichkeit mehr, als Fahrradkurier sein Geld zu verdienen. Sodass er der Bank die 900 Euro nicht zurückzahlen kann. Das wiederum ärgert die Bank, die zusätzlich zu Milliardenverlusten mit Lehman-Brother-Zertifikaten genau diesen Betrag dringend gebraucht hätte, um einer Insolvenz zu entgehen.

Damit hat der Typ kein Fahrrad mehr, die Bank kein Geld und ich auch nicht!

Mit anderen Worten: Was Geld wirklich ist, weiß man immer erst, wenn das Fahrrad weg ist!

 MONEY-Tipp

Kaufen Sie sich lieber selbst ein Fahrrad. Schließen Sie eine Fahrradversicherung ab. Kaufen Sie ein Sicherheitsschloss, das nur auf Irisdiagnose reagiert. Verleihen Sie das Ding auf keinen Fall! Nur so können Sie sicher sein, dass niemand Schindluder mit Ihrer Kohle treibt!

Legalität: 100 Prozent – Geld ausgeben ist erwünscht!
Risiko: 4 Prozent – Es gibt immer irgendwelche Saftsäcke, die auch die Irisdiagnose überlisten. Ich sag nur: Mossad (israelischer Geheimdienst)!
Chance: 95 Prozent – Nicht gerade die lukrativste Investition, aber immerhin eine, die Spaß macht und niemandem wehtut. Nicht mal der Umwelt!

 MONEY-Yoga-Übung

Bike-Asana

Legen Sie eine Matte auf den Boden. Es ist hilfreich, eine zu nehmen, die der Dalai Lama gesegnet hat. Gehen Sie in den Schulterstand. Rudern Sie mit den Beinen in der Luft, als führen Sie ein Fahrrad, das Sie durch den Himmel trägt. Fühlen Sie, wie sich dieses Fahrrad in Ihr Leben hinein »manifestiert«. Dann gehen Sie zur Bank, heben das Geld ab und kaufen das verdammte Ding. Sie wollten es doch schon immer haben!

MONEY-Mantra
Ich radle fröhlich durch die Krise,
Denn radelnd fehl'n der Krise Miese.

Janine H. – ein MONEY-Yoga-Naturtalent. Kaum hatte sie das Bike-Asana mit Treiber geübt, verspürte sie Sehnsucht, statt Luft auch mal Pedalen zu treten und kaufte sich ein Fahrrad. Bis heute hat sie den finanziellen Nutzen der Übung nicht verstanden, treibt aber durch ihre ausgabefreudige Haltung den GfK-Konsum-Index in neue luftige Höhen.

5.11.
Während ich die Bike-Asana übe, falle ich um. Gleichgewichts-schwierigkeiten. Haue gegen den Aktenschrank aus den frühen 60ern, der daraufhin zusammenkracht. Werde begraben unter den Jahrgängen '67–'74. Schockschwerenot! Alle Akten wieder durch-einander. Jahrgang '68 hat meinen Kopf empfindlich getroffen. Plötzlich eine Idee, dank der Altachtundsechziger ...
Rauche eine Schachtel Filterlose. Gibt es außer mir Menschen, die in ihrer Freizeit derart unangenehmen Aktivitäten nachgehen, um das Überleben der Kitas zu sichern?
Fieberhaft arbeite ich an ...

KAPITEL 6

WIE MAN OHNE MIESE STEUERN ZAHLT

Echte Steuersparmodelle sind in Deutschland rar geworden. Eins jedoch gibt es, das kaum ein Steuerratgeber erwähnt: Mehrwertsteuersparen! Die Mehrwertsteuer wurde ja zu Zeiten der großen Koalition von 16 auf 19 Prozent erhöht. In einem denkwürdigen Akt politischer Verlogenheit.

Karl-Heinz hat das damals überhaupt nicht kapiert.

»Was soll das? Da sagt die eine Partei im Wahlkampf, man wolle die Mehrwertsteuer um 2 Prozent auf 18 Prozent erhöhen, und die andere Partei sagt: ›Nicht mit uns, wir erhöhen auf keinen Fall und bleiben bei 16 Prozent!‹ Und dann machen die den klassischen Kompromiss in der Mitte … bei 19 Prozent, oder was?«

Geduldig setze ich ihm auseinander, dass es etwas mit Parteienproporz zu tun hat! Erläutere die Rechnung: Die einen sagen 18, die anderen 16! Das addiert man, was 34 ergibt. Dazu werden die drei Parteien in der Großen Koalition gezählt, macht 37. Das wiederum ist eine Primzahl, welche aufgerundet wird, womit man bei 38 ist. 38 geteilt durch 2 gleich 19 Prozent!

Karl-Heinz war sprachlos. MR hingegen hat die Rechnung nicht verstanden, aber ich glaube, es war ihm auch egal!

Jedenfalls kann man bei Kenntnis des deutschen Steuerrechts auf völlig legale Weise echtes Geld sparen. Gerade mit der Mehrwertsteuer. Denn es gibt steuerliche Subventionen, also Produkte mit einem ermäßigten Mehrwertsteuersatz von 7 Prozent. Zugegebenermaßen ist es für Laien auf den ersten Blick etwas schwer zu erkennen, warum etwa auf Maulesel (also Kinder eines Pferdehengstes und einer Eselin) sowie auf tote Esel der ermäßigte Mehrwertsteuersatz angewendet wird, lebende Esel aber voll besteuert werden. Der Grund ist jedoch relativ einfach: Maulesel sind als Bastarde einer gewissen Diskriminierung ausgesetzt und werden von anderen Pferden nicht wirklich für voll genommen. Da will ihnen der Gesetzgeber das Leben nicht unnötig schwer machen und sie zumindest mehrwertsteuerlich erleichtern. Tote Esel sind relativ wehrlos, zumal ihre Fortpflanzungsfähigkeit stark eingeschränkt ist; auch hier greift deshalb das Antidiskriminierungsgesetz!

Wenn man also von lebenden auf tote Esel umsteigt …! Ein gezielter Hieb mit der Keule macht augenblicklich reicher! Um volle 12 Prozent Mehrwertsteuer, die man spart!

Karl-Heinz, an dem ich viele Steuersparmodelle testete, meinte gleich: »Aber was soll ich denn mit einem toten Esel?«

Ich stellte ihm die Gegenfrage: »Was willst du mit einem lebenden Esel? Wenn man berücksichtigt, was lebende Esel, gerade im Bereich der Politik, Wirtschaft und des Lobbyismus für Flurschäden anrichten, sind tote Esel sogar eine gewisse Form von Schadensbegrenzung!«

Das hat er verstanden.

Erkläre ihm, dass das nicht die einzige Art und Weise ist, über Mehrwertsteuern Geld zu sparen. Wenn man nämlich von Hummer und Langusten (19 Prozent) auf Garnelen und Krabben (7 Prozent) umsteigt, spart man genauso wie im Eselspiel 12 Prozent Mehrwertsteuer! Oder von Ketchup (19 Prozent) auf Tomatenmark (7 Prozent). Oder von Mineral- (19 Prozent) auf Leitungswasser (7 Prozent). Vielen ist die Steuersubvention auf Schlachtnebenerzeugnisse von Bibern, Walen, Fröschen und Schildkröten auch nicht wirklich klar (mir übrigens auch erst nach mehrmaligem Studieren). Es handelt sich hierbei um eine klare Hommage an den Teil unserer Persönlichkeit, der von der Psychologie gerne als »der kulinarische Japaner in uns« beschrieben wird.

Und da auch die Subventionen nicht ohne Beschränkung bewilligt werden können, wurde zum Ausgleich selbige auf Malkästen für Kinder nicht gewährt. Auf Malkästen entfällt der volle Mehrwertsteuersatz. Aber Kinder werden sich keinen Zacken aus der Krone brechen, wenn sie statt mit teurer Tusche mal aus Walfischdärmen und Bibernierchen ein hübsches, steuersubventioniertes Muster auf den Wohnzimmerteppich zaubern!

MONEY-Tipp

Nutzen Sie die Chance, den Staat steuerlich um Milliardeneinnahmen zu bringen, indem Sie sich konsequent von einer Diät aus steuersubventionierten Trüffeln, Quallen sowie Schnittblumen ernähren! Sie sparen 12 Prozent Mehrwertsteuer – und unnötig fett macht diese spezielle Form einer Reichtums-Wachstums-Diät auch nicht!

Legalität: 100 Prozent – Der Staat kann Sie nicht daran hindern zu essen, was Sie wollen. Er wird allerdings angesichts drastischer Mehrwertsteuerausfälle anfangen, sich etwas auszudenken – eventuell schwenkt er von einer Besteuerung dessen, was man oben zu sich nimmt, auf eine Besteuerung dessen um, was unten wieder rauskommt. Kaiser Vespasian hat den Finanzhaushalt des antiken Rom schließlich auch mit einer Urinsteuer saniert!
Chance: 97 Prozent – Bei konsequenter Ausführung!
Risiko: 66 Prozent – Aber nur bei einer Quallenunverträglichkeit!

MONEY-Yoga-Stellung

Frosch-Asana
Nehmen Sie einen Eimer toter Frösche. Schütten sie diesen auf den Boden aus. Legen Sie sich drauf. Atmen Sie ruhig weiter. Ist eklig. Aber steuerlich sehr, sehr günstig!

MONEY-Mantra
Ist der Esel erst mal tot,
sieht das Konto Morgenrot!

Okay, tote Frösche sind schwer zu kriegen. Stattdessen benutzt Treiber Erdnussflips. Ist nicht ganz so eklig. Und steuerlich macht es überhaupt keinen Unterschied!

8.11.
Katastrophe! Grauenhaft! War gerade dabei, die MONEY-Yoga-Stellungen zu testen. Hatte zwei Stunden Akten sortiert, bereits zwei Schachteln Kita-Fluppen intus und war damit beschäftigt, mehrere Yoga-Stellungen zu einem »großen Heiligtum« zu kombinieren. Hatte alles dabei. Sogar die toten Frösche für die Frosch-Asana! War gerade im Schulterstand vom Bike-Asana und hatte die rechte Hand zum Ackermann-Asana erhoben, während die linke eine Lulle hielt! Dazu intonierte ich das MONEY-Mantra mit der Eigenkapitalrendite:

Ach was ist das Leben schiete
Ohne 25 Prozent Eigenkapitalrendite!

Eine schwierige Stellung. Aber unglaubliches Feeling. Totales Eins-sein mit der Steuer und dem Universum.

Auf einmal steht MR im Zimmer! Horror! Steht da und hustet! Während ich auf toten Fröschen liege und mit den Beinen in der Luft strample. Denkbar ungünstiger Moment!

MR fragt, ob das hier ein Selbstmordversuch sei. Verneine. Versuche, ihm erneut die Sache mit den Mantras klarzumachen. Er rastet aus. Wütet eine halbe Stunde lang rum und bringt dabei die wenigen bereits sortierten Akten wieder völlig durcheinander. Im Vergleich zu mir hatte Sisyphos einen Frühstücksdirektor-Posten! MR droht mit Dienstaufsichtsbeschwerde! Fühle mich bestätigt: Werden nicht alle Heiligen der ersten Stunde verfolgt?

9.11.

MONEY-Yoga-Verbot. Bitterer Tag. Begebe mich in die innere Emigration. Wie etwa 40 Prozent der deutschen Angestellten! Damit ist die Gruppe der inneren Emigranten die größte Migrationsgruppe des Landes! Warum vertritt niemand unsere Interessen? Immerhin kosten wir die Wirtschaft jährlich 60 Milliarden Euro! Der Schaden, den wir anrichten, ist etwa hundertmal größer als alles, was sämtliche Kleinkriminellen Europas zusammen in ihren kühnsten Träumen aushecken könnten! Aber weit und breit ist kein Integrationsgipfel in Sicht, der uns aus unserem Paralleluniversum holen könnte!

Gründe im Geist die »Partei der inneren Emigration«, kurz PIE! Selbst wenn mich nur die Hälfte von uns wählen sollte, sind wir eine echte Volkspartei! Wenn ich erst mal an der Macht bin, fliegt MR als Erster raus! Zug um Zug werde ich dann die Forderungen der inneren Emigranten umsetzen: einmal wöchentlich die Vorgesetzten mit Tomaten bewerfen, Doppelpass und wenn nötig Bypass sowie die freie Entfaltung persönlicher Neurosen. Zur Umsetzung des Letzteren bietet sich eine Koalition mit der CSU an!

Rauche insgesamt sechs Schachteln. Fühle mich wie ein echter Mäzen der Chancenlosen. Starker Husten.

KAPITEL 7

WIE MAN OHNE MIESE EINE FINANZKRISE BESIEGT

Viele Menschen plagt angesichts der Bankenkrise aus dem Jahr 2008 und der Eurokrise des Jahres 2010 eine gewisse Furcht vor solchen Vorkommnissen. Diese Furcht ist berechtigt. Aber nur, wenn man Geld hat! Angesichts der allgemeinen Verunsicherung möchte ich mich der Frage widmen, wie denn so eine Krise entsteht.

Nehmen wir an, Sie hätten eine Kneipe. Theoretisch. Die Kneipe läuft aus irgendwelchen Gründen nicht so wahnsinnig gut. Vielleicht, weil sie sich in einem Stadtteil befindet, in dem mehrheitlich arbeitslose Alkoholiker leben? In Ihrer Not sagen Sie sich irgendwann: »Was soll's? Ich lasse diese arbeitslosen Alkoholiker jetzt einfach mal anschreiben!«

Die Alkoholiker finden das toll und konsumieren noch enthusiastischer als vorher. Sie wiederum finden das auch toll, denn Ihr Umsatz explodiert auf einmal. Ihr Bankberater findet das genauso toll, und er bittet Sie freudig erregt zu sich. Wie denn das mit den steigenden Umsätzen auf einmal käme? Also erklären Sie ihm die Geschichte mit der Anschreiberei. »Brillant«, findet Ihr Bankberater. »Das ist natürlich nicht ganz ohne Risiko, aber wissen Sie was? Diese Risiken lagern wir aus und streuen sie auf diese Art und Weise! Wir bündeln die Schuldverschreibungen zu sogenannten ›Fuselanleihen‹, die wir mit einem kleinen Abschlag auf den tatsächlichen Wert am Markt platzieren. Da das Ausfall-Risiko relativ hoch ist, zahlen wir einen hohen Zinssatz. Das beflügelt die Fantasie!«

Am »Markt«, wie Eingeweihte die Finanzmärkte gern liebevoll bezeichnen, ist es nämlich immer sehr wichtig, dass die Fantasie beflügelt wird. Da unterscheidet sich der »Markt« nur marginal vom LSD-Rausch! Wobei die überschäumende Fantasie eines LSD-Rausches nur den Konsumenten selbst ruiniert. Eine derartige soziale Verantwortung kann man vom »Markt« natürlich nicht erwarten!

Anfangs laufen die »Fuselanleihen« jedoch extrem gut, die Bank erhöht Ihre Kreditlinie, und immer mehr Gastwirte steigen auf das Finanzierungsmodell um. Die Preise für Alkohol ziehen an, und Ihr Umsatz auch. Das Produkt läuft dermaßen gut, dass auch andere Banken auf das Produkt aufmerksam werden. Die besten der »Fuselanleihen«, also die Schuldverschreibungen der Alkoholiker mit Abitur, werden erneut zusammengefasst und zu einem soliden, neuen Finanzprodukt mit einer höheren Bewertung gebündelt, den sogenannten »SSOs« – den Suff-Sammel-Obligationen!

Um die entsprechende Bewertung zu erhalten, wird eine Ratingagentur kontaktiert. Diese Ratingagenturen machen das, was der Name schon sagt: Sie raten! Sie raten, ob jemand seine Schulden zurückzahlen wird. Die Agenturen sitzen in den USA und haben entsprechend verdächtige Namen. Die größte heißt »Standard & Poors«, was übersetzt so viel bedeutet wie »gewöhnlich armselig«. Die zweitgrößte ist »Moody« – das heißt »launisch« – und die dritte »Fitch«. Vermutlich eine Abkürzung von »F... Bitch« (deutsch: blöde Ziege) – »F-itch«. Das Tolle daran ist, dass Firmen, die eine Bewertung wünschen, die Agenturen bezahlen. Das ist ähnlich absurd, als würde die Pharmaindustrie Experten ins Gesundheitsministerium schicken, die die Preise neuer Medikamente bewerten! Obwohl das ja eigentlich gängige Praxis ist ... vielleicht ein schlechter Vergleich. Aber es ist, als würden Fußballer ihren Schiedsrichter zahlen, Kandidatinnen von *Germanys Next Topmodel* die Jury oder Bankräuber ihre Richter!

Eine Bewertung hat immer etwas von einem Glücksspiel oder einem Lotto-Tipp – insofern sind Ratingagenturen wenig mehr als Tippgemeinschaften! Die allerdings ihre Bewertungen permanent auf den Gewinner-Tipps der Vergangenheit basieren! Und wie oft so was schiefgeht, weiß jede Frau und jeder Mann, die bereits mehrer gescheiterte Beziehungen hinter sich haben! Ob eine jetzt geforderte »Europäische Ratingagentur« das besser macht? Vielleicht spart man viel Geld und Zeit, indem man den ganzen Wahnsinn abschafft und durch den Hinweis ersetzt: »Kann funktionieren – muss aber nicht!«

Zurück zu Ihrem Projekt. Die Kneipe läuft mittlerweile super, sodass Sie expandieren und alle schlecht gehenden Kneipen der Nachbarschaft aufkaufen. Nachdem Ihre Bank den Ratingagenturen genug Geld in den Rachen geworfen hat, erhalten Sie die gewünschte Bewertung für die SSOs, Triple A, also AAA – alles absolut alkoholisch! Die Bewertung löst neue Nachfrage nach SSOs aus. Fondsgesellschaften kaufen im großen Stil, bald übersteigt die Nachfrage das Angebot. Hedgefonds treiben die Preise zusätzlich in die Höhe, Zahnärzte und BWL-Absolventen eröffnen Kneipen, da das der schnellste Weg zur ersten Million scheint. Die Preise für Alkohol gehen durch die Decke – eine Flasche Wein kostet mehr als ein Fertighaus in Florida! Kurz bevor die Blase platzt, merken Bayerische Landesbank und HSH Nordbank fast zeitgleich, dass ihnen ein Riesengeschäft durch die Lappen geht.

MONEY-Tipp

Wenn Landesbanken auf einen Zug aufspringen, wissen Profis, dass es Zeit zum Ausstieg ist. Sollten Sie noch SSOs besitzen, ist jetzt der beste Zeitpunkt, um sie gewinnbringend abzustoßen. Das Gleiche sollten Sie mit Ihrer Kneipe auch tun.

Die Landesbanken haben übrigens strenge Vorgaben, und so geben sie sich mit SSOs nicht zufrieden. Sie können Ihren Profit vervielfachen, wenn Sie es schaffen, den Landesbanken aufgrund Ihrer Erfahrung mit Schnaps ein neues, noch besseres Finanzprodukt zu bauen. Etwa indem Sie sich die Crème de la Crème der SSOs aussuchen, also die von den Alkoholikern mit Universitätsabschluss und ohne Leberzirrhose. Diese verwandeln Sie in ein neues, noch viel sichereres Finanzprodukt mit einer AAA++ Bewertung: DGZ – Delirium-Garantie-Zertifikate!

Legalität: 100 Prozent – Die Wirtschaft brummt, führende Analysten sehen keinen Grund, warum der DAX am Ende des Jahres nicht die 12.000-Punkte-Marke sprengt, alle haben die beste Laune aller Zeiten, um Alkoholiker zu sein ...
Risiko: 86 Prozent – ... bis ein kleiner Sparkassendirektor mal ein wenig Geld von einem der Alkoholiker in Begleichung einer allerersten Rate sehen möchte ...
Chance: 92 Prozent – ... und dann tun Sie gut daran, Ihren Learjet schon mal mit Nase Richtung Karibik geparkt zu haben! Oder Sie wählen eine zweite, vielversprechendere Variante. Sie wenden sich an die Regierung und sagen: »Das sind doch alles Hartz-IV-Empfänger! Das sind doch eure Leute! Wenn ihr jetzt unsere Verluste nicht auffangt, laufen wir wirtschaftlich Amok und legen euren kümmerlichen Aufschwung dermaßen in Schutt und Asche ...«

 MONEY-YOGA

Delirium-Asana

Legen Sie sich auf Ihre Finanzmatte. Atmen Sie ein! Tief. Noch tiefer. Füllen Sie Ihren Körper mit Luft! Blasen Sie Ihre Backen auf. Platzen Sie fast? Gut! Atmen Sie tief aus! Und wieder ein! Und nochmals aus! Und das Ganze noch einmal. Und immer schneller werden! Und noch schneller. Tief ein- und wieder ausatmen. Hecheln! Machen Sie dazu ein Geräusch! Immer weiter! Bis Ihre Hände sich merkwürdig zusammenkrümmen und um Ihren Mund herum die Spannung zunimmt. Man nennt das Hyperventilation. Sie fühlen sich jetzt ganz schön high, sehen aber etwas debil aus ...
... und so ähnlich ist das mit Finanzblasen auch!

MONEY-Mantra
Ich kann in meiner Kneipe klotzen,
Doch, Gott oh Gott, jetzt muss ich k...

10.11.
Meldung in der Tagespresse: »Azteken – mit Kakao besoffen vor Tausenden von Jahren!« Vermutlich Beamte! Haben das Kakaosaufen bei uns auf dem Amt auch schon probiert, aber kein Rausch. Nach zwei bis drei Jahren intensiven Kakaotrinkens allerdings einige Fälle von Altersdiabetes. Vielleicht braucht es für einen zünftigen Kakao-Rausch ein Menschenopfer. Überlege, ob ich MR mit einem Steinmesser das Herz rausschneide. Verwerfe die Idee. Zwecklos. MR hat kein Herz! Zigarettenkonsum auf drei Schachteln gedrosselt. Immer noch Husten.

11.11.
Lalalala, innere Emigration, dumdidei. Probiere verschiedene Positionen des Büroschlafs aus. Erwache Stunden später mit verspanntem Nacken. Werde mir ein Kissen mitbringen!
Keine einzige Zigarette mehr. Husten besser. Werde mit dem Rauchen aufhören. Da müssen sie ihre Kitas schon irgendwie ohne mich füllen. Bin schließlich nicht Jesus.

12.11.
Gestern Karnevalsbeginn. Kam verkleidet zur Arbeit – als Finanzbeamter! Während ich in Wirklichkeit Deutschlands Geld-Guru Nummer eins bin. Die Welt wird noch erschauern bei meinem Namen. Also wohlig erschauern, klar. Treiber – Prophet des Geldes. Fühle mich gut. Bin ein mentaler Rheinländer. Jedenfalls, was die Arbeit während des Karnevals angeht! Übe Verzicht darauf! Also auf die Arbeit. Jetzt weiß ich auch, warum die Rheinländer immer so gut gelaunt sind! Saufen, Arbeit ruhen lassen – und trotzdem nicht unter der Brücke landen. Das muss so eine Art Vorstufe des Paradieses sein! Oder noch besser: ein Schreibtischposten in der Kommunalverwaltung!

15.11.
Bin immer noch im Karneval. Denke an die Menschen, die sich das nicht leisten können. Bin inspiriert zu …

KAPITEL 8

WIE MAN OHNE MIESE DIE ARMUT BESIEGT

Die Armut hat viele Gesichter. Es gibt geistige Armut. Etwa abends im Fernsehen. Oder nachmittags im Shoppingcenter. Oder vormittags in Bundestagsausschüssen. Es gibt gesundheitliche Armut. Die findet sich beim Arzt, in der Apotheke oder in Krankenkassendefiziten. Es gibt emotionale Armut. Die findet sich fast überall.

Und es gibt finanzielle Armut. Die ist vielleicht nicht ganz so scheußlich wie die anderen Armutsarten, aber trotzdem sehr lästig. Vor allem, wenn man kurz vor dem Kauf einer 200 Meter langen Luxusyacht steht!

Nehme mir vor, Armut zu vermeiden. Möchte diesen Vorsatz an meine Mitmenschen weitergeben! Denn den meisten will es nicht gelingen! So werden viele Menschen durch das Vertrauen, das sie ihrem Bankberater entgegenbringen, erheblich gründlicher ruiniert, als der gemeinste Raubüberfall es vermag! Mit dem Unterschied natürlich, dass der Räuber eingebuchtet wird und der Banker einen Bonus erhält! Auch für Diebstahl gilt: Manuelle Arbeit wird immer schlechter entlohnt! Daher lohnt sich auch für Räuber die Zusatzausbildung zum Finanzberater! Wenn man die sinkenden Kriminalitätsstatistiken und den wachsenden Reichtum der Finanzbranche betrachtet, haben auch bereits sehr, sehr viele Räuber von dieser Möglichkeit Gebrauch gemacht!

Die Wege in die Armut sind jedoch vielfältig. Volltanken führt ebenfalls direkt in die Armutsfalle! Oder Nahrungsmittel kaufen. Ob deshalb Magersüchtige in der Liebe so beliebt sind? Ein romantisches Dinner zu zweit kann sich doch nur noch leisten, wer sicher ist, dass der Partner höchstens einen Apfel zu sich nimmt!

Habe allerdings keine romantischen Verabredungen. Und das ist gut so. Spare dadurch jede Menge Äpfel!

Armutsrisiko Nummer eins ist allerdings das Kinderkriegen! Denn die Betreuungsmöglichkeiten in Deutschland, gegen die selbst Versager-Staaten wie Simbabwe vergleichsweise progressiv wirken, sorgen zuverlässig dafür, dass unsere Alleinerziehenden in der finanziellen Dritten Welt landen. So gesehen sind Antibabypille, Spirale und Kondom eine bessere Geldanlage als ein breit gestreutes Aktien-Portfolio! Bevor man im kinderreichen Prenzlauer Berg in Berlin ausruft: »Oh, ist der Kleine süß!«, sollte man genau hinsehen: Es handelt sich mit großer Wahrscheinlichkeit um einen Hartz-IV-Antrag auf zwei Beinen!

Ich denke an die einzigen Menschen mit Kindern, die ich kenne. Karl-Heinzens Bruder und seine Frau. Für die sind ihre Kinder der Himmel auf Erden. Für viele Nachbarn jedoch sind »Moses Apple« und »Lara Lourdes« eine größere terroristische Bedrohung als Osama bin Laden! Kein Wunder, denn bei den Namen, die die Kleinen heutzutage tragen, müssen sie ja durchdrehen.

Einige Prominente gehen mit schlechtem Beispiel voran: Der Sohn von Anna Netrebko heißt »Tiago Arua«, die Tochter von Bob Geldorf »Fifi Trixibelle«, die Söhne von Gwen Stefani und Ashley Simpson heißen »Zuma Nesta Rock« und »Bronx Mowgli«! Und alle machen mit. Im Abgang begriffene Vornamen: »Klaus«, »Peter« und »Gabi«. Dafür haben immer öfter großen Auftritt: »Bluebell Madonna«, »San Diego« und »Pilot Inspektor Riesgraf-Lee« (traurig, aber wahr – so heißt der Sohn des Schauspielers Jason Lee)! Es gibt immer noch Formen der Kindesmisshandlung, die strafrechtlich überhaupt nicht erfasst sind!

In vielen Familien herrscht zudem ein Kommandoton, der auf dem Kasernenhof eine Klage wegen Rekrutenquälerei nach sich gezogen hätte. Wobei in diesem Fall die Eltern die Rekruten sind! Denn die armen »missbenannten« Kinder »Dschingis«, »Winston« und »Marilyn« leiden an Größenwahn! Die Eltern versuchen, sich diesem Ton zu entziehen, indem sie mit dem Feind fraternisieren. Sie finden Sachen halt auch »voll krass cool« und versuchen, die Xbox zu beherrschen. Kein Wunder, dass die Kids ausrasten, wenn der Erste, der ihnen in ihrem Leben eine Grenze setzt, der Staat ist, welcher das Hartz-IV-Geld aussetzt!

»Die Kinder von heute sind Tyrannen. Sie widersprechen ihren Eltern, kleckern mit dem Essen und ärgern ihre Lehrer.« Das ist von Sokrates. 490 vor Christus! Dass die Älteren gern über die jüngere Generation jammern, ist also nichts Neues. Neu sind jedoch die Gefahren moderner Namensgebung. Studien haben ergeben, dass Namen wie »Kevin«, »Chantal«, »Justin«, »Mandy« oder »Jacquelin« in Lehrern spontane Vorurteile hervorrufen, und Kinder, die auf diese Namen hören, dann erheblich schlechter benotet werden als beispielsweise »Maximilian«, »Simon«, »Charlotte«, »Emma« oder »Katharina«! Abzuraten ist ebenfalls von ausländisch klingenden Namen, besonders türkischen oder arabischen. »Achmed«, »Ugur«, »Fatima« oder »Mohammed« haben bei Arbeitgebern von vornherein schlechte Karten, selbst wenn sie einen Doktortitel tragen und weißblonde Professorenkinder sind!

Haben Sie trotzdem ein Faible für diese Namen, müssen Sie wissen, dass »Jemal-Justin-Mustafa-Kevin bin Müller« ein direktes Ticket zu einem verpassten Hauptschulabschluss ist! Während man als »Maximilian-Simon-Walter-Freiherr von Pfalzburg-Rothenstein« das Abitur vermutlich nachgeworfen bekommt! Auch wenn sich im Nachhinein rausstellt, dass der Betreffende ein türkisches Mädchen ist!

Es gibt übrigens einen weiteren Weg in die Armutsfalle, der etwas erniedrigend ist und meist totgeschwiegen wird: Bundeskanzler/in! Nach mehreren Nullrunden ist das Realeinkommen unserer Spitzenpolitiker seit den 90ern um etwa

16 Prozent gesunken! Wenn man also Angela Merkel demnächst verkleidet und mit dunkler Perücke vor dem Jobcenter rumlungern sieht, ist das kein Staatsbesuch – sie braucht Stütze!

 ## MONEY-Tipp

Für Männer

Obwohl ein paar wenige Kinder Armut bedeuten können, trifft dies auf besonders viele Kinder nicht zu. Ab etwa 35 Kindern kann man mit Kindergeld, Hartz IV und Betreuungsgeld ein Einkommen erzielen, das dem eines Staatssekretärs entspricht! Wenn Ihnen dafür ein einziger weiblicher Partner nicht reichen sollte, werden Sie Moslem. Oder Horst Seehofer! Oder Franz Beckenbauer. Die Gesellschaft braucht die Kinder – Sie brauchen das Geld! Sie sollten allerdings nicht den Fehler begehen und gleichzeitig arbeiten. Das wäre unsozial, denn Arbeit ist erstens knapp und sollte deshalb zweitens den Menschen vorbehalten sein, die Steuern zahlen. Irgendjemand muss Ihr Hobby schließlich finanzieren. Außerdem werden die Kinder Sie schon auf Trab halten. Keine Sorge!

Für Frauen

Lassen Sie sich scheiden! Nehmen Sie die Kinder mit. Dann landen Sie zwar wieder in der Armutsfalle, haben aber zeitgleich den Lärm stark reduziert und sind den doofen Macho-Sack los!

Hier verzichte ich auf eine weitere Einschätzung von Risiken und Chancen. Die Unterteilung in Männlein und Weiblein sollte hier ausreichen. Überdenken sie jedoch jeweils die Situation und die Folgen der Umsetzung dieser MONEY-Tipps.

 ## MONEY-Yoga Stellung

Vermehrungs-Asana

Spreizen Sie die Beine etwa einen Meter weit auseinander in einen breiten, aber soliden Stand. Die Knie halten Sie gebeugt, sodass die Energie in sämtliche Organe fließen kann, die für eine erfolgreiche Zeugung nötig sind. Bei Männern ist das eine überschaubare Anzahl, Frauen werden intuitiv das Richtige tun. Öffnen Sie die Arme nach oben. Fühlen Sie, wie Sie vom Himmel Energie empfangen. Außerdem werden die nach oben gestreckten Arme verhindern, dass Ihnen ein Storch auf den Kopf fällt. Man weiß ja nie!

MONEY-Mantra
Auf den Namen kommt es an:
Sein Sohn heißt Maximilian!

Für die Chancen seines Sprosses focht er,
Maximilian heißt auch seine Tochter!

Hormone fürs Finanzamt! Junge spanische Damen, die angesichts der finanziellen Situation ihres Landes mit Begeisterung die »Vermehrungs-Asana« ausführen.

16.11.
Immer noch in der inneren Emigration. Richte mich hier langsam häuslich ein. Habe sogar einen Zimmerbrunnen gekauft!

17.11.
Habe den blöden Zimmerbrunnen wieder entsorgt. Musste andauernd pinkeln!

18.11.
Dumdidum, innere Emigration, dumdidum. Dumdumdidei!

19.11.
Bin langsam gelangweilt von der inneren Emigration. Zumal noch niemand der PIE beigetreten ist. Es ist sehr schwer, diese Leute zu erreichen. Keiner da. Alle nach innen ausgewandert!

22.11.
Verlasse die innere Emigration. Immigriere wieder in die äußere Emigration! Rufe sogar Karl-Heinz an, um ihm das mitzuteilen. Der äußert Verständnis. Meint, wenn man die Menschen zusammenzählte, die innere Paralleluniversen in sein Taxi importierten, könnte man mehrere neue Galaxien eröffnen.
Dann erzählt er seinen neuesten Beamtenwitz:

»Warum darf man auf der Behörde kein Aquarium mit Goldfischen aufstellen? – Weil die zu viel Unruhe in den Betrieb bringen!«

Überlege, wieder in die innere Emigration auszuwandern! Sortiere aber stattdessen Akten.

23.11.
Anruf von MR. Ob ich noch MONEY-Yoga betriebe? Kann wahrheitsgemäß verneinen. Spüre einen kleinen Stich. Erinnere mich erneut an meine Mission! »Geld für alle!« Mir fällt ein Satz ein, den Karl-Heinz gern absondert: »Geld allein macht nicht glücklich. Man braucht auch Aktien, Immobilien und ein gut diversifiziertes Rohstoffportfolio!«

Um den Gesetzgeber und MR in Abwesenheit zu ärgern, zünde ich eine Zigarette an und denke über Geldglaubenssätze nach. Ein solcher ist beispielsweise. »Geld macht nicht glücklich.« Die meisten Menschen warten förmlich auf diese Geschichten in der *Gala*, wo ausführlichst berichtet wird, dass reiche Leute aus irgendeinem Grund unglücklich sind und sich scheiden lassen oder in eine Entzugsklinik müssen. Es gibt allerdings einen kleinen, feinen Unterschied: Wenn Britney Spears – oder ein anderer Popstar – sich unwohl fühlt, weil sie grad mal drei Minuten lang keinen Lover mehr hatte oder die Drogen im Kühlschrank alle sind, dann kauft sie sich völlig verzweifelt eine tropische Insel und die nächste sexuelle Tröstung. Wenn Otto Normalsteuerzahler verlassen wird, hat er nicht mal mehr das Geld fürs Solarium und einen Trauerporno!

Meine Mission ist dringend. Natürlich macht Geld nicht immer glücklich. Aber »kein Geld« macht erwiesenermaßen deutlich unglücklicher. Und nervöser.

Geld ist in erster Linie eine Idee. Buntes Papier, das erst dadurch wertvoll wird, dass alle dran glauben. Was jeder bestätigen kann, der schon mal versucht hat, mit einem nordkoreanischen Geldschein an der Tankstelle zu zahlen! Wenn jemand nicht an Ihr Geld glaubt, haben Sie ein Problem! Gäbe man einem Steinzeit-Kannibalen einen 100-Euro-Schein und verlangte dafür ein Steak, wäre man vermutlich schneller zu ebendiesem Steak verarbeitet worden, als man hätte »Huhu« sagen können! Insofern hat Geld etwas Religiöses. Es braucht den Glauben daran!

Fühle mich feierlich, als ich mich erhebe, um diese Erkenntnis in eine MONEY-Yoga-Stellung umzuwandeln. Die »Ich glaube, also bin ich finanziell abgesichert«-Position. Frei nach Descartes:

Stelle dich auf ein Bein. Erhebe das andere Bein und stelle die Fußsohle ans Knie. Öffne die Arme nach oben, um den Glauben ans Geld zu empfangen. Fühle, wie die Energie des Universums durch dich hindurch fließt. Alternativ fühle, wie verdammt anstrengend diese Position nach etwa zehn Minuten wird!

In meinem besonderen Fall verlor ich die Balance und fiel gegen den Aktenschrank, der daraufhin wieder zusammenbrach. Damit wurde auch das wenige wieder zunichte gemacht, was ich seit der inneren Emigration geschafft hatte.

Rufe MR an. Brauche ein größeres Büro. Oder einen neuen Akten-schrank. MR schwafelt irgendetwas von Budgetkürzungen. Als er fragt, ob ich wieder MONEY-Yoga gemacht habe, lege ich auf. Werde mir etwas einfallen lassen müssen.

24.11.

Habe meine Yoga-Übung im Park gemacht. Allerdings bildete sich schnell eine Menge Schaulustiger um mich herum, die mich mit blöden Bemerkungen anfeuerte. Sie ging jedoch schnell auseinander, als ich sie nach ihrer letzten Steuererklärung fragte!
Werde diese Geldsache mal ganz grundlegend angehen. Wie kam es eigentlich zum Geld? Stelle mir vor, wie es in der Entstehungszeit des Geldes zugegangen sein muss … MR fragt, was ich gerade mache. Plötzlich klingelt das Telefon.

25.11.

Bin im Zuge meiner Recherchen auf Unglaubliches gestoßen! Mitten im römischen Reich gab es auf einmal deutsches Geld! Also nicht deutsch-deutsches Geld, sondern Münzen des römisch-gallischen Sonderreiches! Ja, es gab ein gallisch-römisches Reich. Von 260 bis 273 n. Chr. Hauptstadt Köln! Unter einem Imperator namens Postumus. Post Humus, also frei übersetzt »jenseits des Düngers«, und das sollte er auch bald werden. Denn Imperator Postumus wurde angegriffen. Von einem nächsten Imperator! Aus der Stadt Mainz! Also so eine Art Karnevalsstreit! Nun konnte Postumus seinen Herausforderer Laelianus zwar besiegen, wurde aber von seinen eigenen Truppen ermordet und zu Dünger verarbeitet, als er ihnen verbieten wollte, Mainz zu plündern! Seitdem traut sich keiner mehr, Mainzplünderungen zu untersagen. Sie finden jedes Jahr statt und nennen sich »Mainz, wie es singt und lacht«!

26.11.

Habe ein System entwickelt, wie ich in einer Stunde so viele Akten archivieren kann, dass es für den Rest des Tages nicht auffällt, wenn ich etwas anderes mache. Obwohl es ja sowieso nicht auffällt, wenn ich etwas anderes mache. Schließlich ist das hier der

Finanz-Gulag! Eine Strafkolonie für unbequeme Finanzbeamte, deren Haltbarkeitsdatum abgelaufen ist. Mit einer stupiden Tätigkeit, deren einziger Zweck es ist, Menschen in den Wahnsinn zu treiben. Damit die Krankenkasse die Pension übernehmen muss!

Ha!

Das wird bei mir nicht funktionieren. Denn meine Mission gibt mir Kraft! Schütte noch ein paar tote Frösche auf den Fußboden und führe die Frosch-Asana aus. Die Kühle der Viecher entspannt mich. Nein, ich werde nicht durchdrehen!

Plötzlich ein Geistesblitz! Ich werde nicht nur die Finanzen meiner Mitmenschen sanieren, sondern auch die des Staates! Entwerfe ein Selbstanzeigen-Formular, das der Spaßgesellschaft gerecht wird. Überschrift: »Selbstanzeige ist Fun! Nicht nur Spaß, sondern auch billiger!«

29.11.
Habe das ganze Wochenende über in der Fußgängerzone Selbstanzeigen verteilt. Wenn nur 1 Prozent der Empfänger zahlt, gibt es Mehreinnahmen von mehreren Hundert Millionen!

Werde kreativ …

KAPITEL 9

WIE MAN OHNE MIESE IN DER SCHWEIZ INVESTIERT

Mehreinnahmen gibt es dieser Tage nicht mehr so einfach wie früher! Jahrelang hat die Musikindustrie den Preisverfall auf dem Musikmarkt beklagt. Auch Schweizer Künstler wie DJ Bobo hatten mit sinkenden Umsätzen zu kämpfen. Mittlerweile gibt es positive Nachrichten: 2,5 Millionen Euro kostet eine einzige Schweizer CD! Noch nicht einmal das Original, sondern bloß eine Raubkopie! Und sie hat noch nicht einmal Musik drauf, sondern bloß 1500 Adressen. Und das sind noch nicht einmal die Adressen irgendwelcher Stars, sondern nur von Flüchtlingen!

Alles in allem ein recht armseliges Werk, und der stolze Preis sollte dem schwächelnden CD-Absatz Mut machen!

Tut er aber nicht. Denn die letzte vergleichbare CD kam aus Liechtenstein und lag noch bei 5 Millionen Euro! Also auch hier ein Preiseinbruch von 50 Prozent! »Was ist los?«, fragt man sich verzweifelt in der Schweiz. Sind unsere Steuerhinterzieher weniger wert als die aus Liechtenstein? Was sagt das über den Bankenstandort Schweiz aus? Wird es sich demnächst noch in irgendeiner Form lohnen, Steuerhinterzieher zu verpfeifen?

Zumal »Steuerhinterzieher« ein sehr hässliches Wort ist, wie diese Menschen finden. Nach deren Selbstverständnis handelt es sich um Flüchtlinge, die ihr Erspartes in Sicherheit bringen wollten vor einem raffsüchtigen Fiskus, der ihnen mit einem Spitzensteuersatz von 45 Prozent Gelder abnehmen will, um sie dann in zweifelhafte Projekte wie Schulen, Straßen oder Beamtengehälter zu investieren. Oder in die Staatsschulden irgendwelcher Politiker, die bereits seit Jahren verstorben sind! In der Schweiz hat man dafür ein ausgeprägtes Verständnis. »Man muss sich vor einem falsch gebauten Fiskalsystem in Sicherheit bringen dürfen, ohne physisch auszuwandern«, sagte der Schweizer Privatbankier Konrad Hummler vor einiger Zeit in der *Weltwoche*. »Das erfordert einen Bruch mit der Legalität.«

Dass man diese Art der Anarchie in der Schweiz als selbstverständliches Grundrecht feiert (anders etwa als freie Religionsausübung und Türme, von denen irgendwelche Muslime zu unchristlichen Zeiten zum Gebet grölen!), findet in Schichten der Gesellschaft Anklang, die ansonsten nur relativ selten im »schwarzen Block« auf irgendwelchen »Anarcho-Demos« gesichtet werden!

»Nein«, haben diese Menschen gesagt, und: »Wer sich nicht wehrt, lebt verkehrt! Wir lassen nicht zu, dass unser Geld vom Staat verschwendet wird. Unser Geld soll das tun, was in der Schweiz jeder Cent und jeder Rappen machen muss: Arbeiten!«

Kaum in der Schweiz angekommen, bemühte sich das flüchtige Geld also, kräftig Profite zu machen! Die Schweizer unterstützen das, denn sie sind schließlich ein ganz besonderes Volk. Schon weil sie »Schweizer« sind. »Schweizer« galt im Mittelalter als Schimpfwort für die Eidgenossen, bis diese selbst anfingen, sich so zu titulieren. Eine vergleichbare Überwindung fremdenfeindlicher Vorurteile wäre es, wenn Türken sich als »Kanaken« bezeichnen, Franzosen als »Froschfresser« oder Deutsche als »Schisser«!

Herausragendes Merkmal der Schweiz ist ihre Neutralität! Die sie strikt wahrt, außer wenn es um muslimische Turmbauten geht. Oder deutsche Gastarbeiter. Ganz schlimm ist die Kombination dieser Eigenschaften. Ein deutscher Architekt etwa, der eine türkische Moschee in Bern baut, kann vermutlich mit der Schweizer Höchststrafe rechnen: Steuern zahlen! Oder noch schlimmer: Schwyzerdütsch lernen! Zahllose Generationen integrationswilliger Hochdeutscher sollen sich beim Üben verschiedener Rachenlaute bereits den Hals gebrochen haben! Was die Schweizer wiederum sehr schweizerisch aufnahmen: Neutral!

Denn die Neutralität ist den Schweizern heilig, seit sie 1815 vom Wiener Kongress dazu verdonnert wurden. Insofern ist die Schweizer Neutralität eigentlich eine preußisch-österreichische Erfindung, aber das sollte man auf Züricher Straßen lieber nicht zu laut sagen.

Hinzu kommt die sprichwörtliche Gelassenheit des Schweizers. Viele Schweizer haben die Ruhe weg und nehmen sich Zeit beim Sprechen. Diese Disposition zur Langsamkeit, die sie Schnecken oftmals als »zappelige Viecher« empfinden lässt und für eine steile Karriere in einer deutschen Kommunal-Verwaltung geradezu prädestiniert, führt dazu, dass sie auf aktuelle Bedrohungen (Globalisierung, EU-Terror, Gleichberechtigung der Frau) nur zeitverzögert reagieren. So dürfen Frauen in der Schweiz erst seit 1971 wählen! Das war selbst in Afghanistan bereits 1964 der Fall! Da stellt sich schon ein wenig die Frage, wo die geistige Heimat der Taliban wirklich zu suchen ist.

Nach dem Zweiten Weltkrieg jedoch begann das Land eine steile Karriere, die die Schweiz ihrer Neutralität verdankte, ihrer freundlichen Gelassenheit und einem weiteren Faktor: ihrem Bankgeheimnis! Dieses Bankgeheimnis war lange Zeit so geheim, dass ganze Völker in der Dritten Welt keine Ahnung hatten, wohin ihre von Diktatoren in sorgfältiger Kleinarbeit geraubten Gelder hingekommen waren. Es war so geheim, dass das iranische Atomforschungsprogramm im Vergleich dazu so öffentlich ist wie eine Kontaktaufnahme in *Bauer sucht Frau*! So geheim, dass sogar Helmut Kohl in Bezug auf seine Spender als »Klatschweib« gilt! Sie merken – es war verdammt geheim!

Man ist an dieser Stelle immer gern an die Geschichte eines

Deutschen erinnert, der in eine Bankfiliale in Bern kommt und flüsternd zur Kassiererin sagt: »Ich möchte gerne 3 Millionen Euro in bar einzahlen!« – Worauf die Dame erwidert: »Sie können ruhig laut sprechen, in der Schweiz ist Armut keine Schande!«

Geld, das wissen die Schweizer, hat nicht nur keinen Geruch (Pecunia non olet, oft auch übersetzt als: »Geld stinkt nicht«), es vermehrt sich ganz wundersam, wenn es erst mal seinen Weg in die niedrig besteuerte Schweiz gefunden hat. Im Laufe der Jahre hatte sich ein ganzer Staat in eine riesige Geldwaschmaschine verwandelt. Einen »Car wash« für Finanzen, der nebenher für Wohlstand, saubere Luft und ein knuffiges Urlaubsparadies sorgte. Genial!

Leider scheinen die großen Dekaden dieser Wohlstandsmaschine vorbei, und dem süßen Alpenstaat weht ein gar kalter Wind ins Gesicht. So haben die bösen, imperialistischen USA bereits massiv die Schweizer Bank UBS bedroht und sie gezwungen, Daten von amerikanischen Steuerhinterziehern rauszurücken. Auch Franzosen und Italiener haben bereits erste Erfahrungen mit Steuerhinterzieher-CDs gesammelt.

Das Schweizer Bankgeheimnis wird also bald löchriger sein als der hochgelobte Käse, und viele Anleger setzen vermehrt auf das »Ausspionieren von Bankdaten« als auf das »Ausprobieren von Bankinvestitionen«. Die Tatsache, dass andere demokratische Staaten diese geklauten Daten sogar kaufen, stößt in der Schweiz auf heftigen Widerwillen. »Mit Verbrechern verhandelt man nicht«, heißt es dazu erbost aus Zürich. Eine löbliche Maxime, die mir allerdings in einem privaten Konflikt mit der Telekom wenig nützte!

Die Frage, die man sich in der Schweiz wirklich stellen sollte, ist jedoch eine ganz andere: Ist der Preisverfall auf dem Verbrecher-Verpfeif-Markt noch aufzuhalten? Denn das wäre der härteste Schlag gegen die Eidgenossen. Eine CD mit Daten von 17.000 Steuerhinterziehern! Und einem Bonus-Track von DJ Bobo. Umsonst!

MONEY-Tipp

Investieren Sie kapitalschonend in Schweizer Banken. Hacken Sie sich in die Computersysteme verschiedener Institute. Kopieren Sie die Kundendaten. Rufen Sie beim Finanzminister an. Erinnern Sie ihn dabei bitte keinesfalls an irgendwelche Spenden, die er vielleicht mal irgendwann in bar erhalten haben mag. Erwähnen Sie auch keine Waffenhändler. So was macht nur schlechte Stimmung, gerade bei der CDU. Interessieren Sie das Ministerium vielmehr für Ihr Produkt – eine Silberscheibe mit potenziellen Steuernachzahlungen in Millionenhöhe! Nennen Sie Ihren Preis. Setzen Sie sich zur Ruhe!

Chance: 100 Prozent – Sicherer als ein Lottogewinn. Und ein Zeugenschutzprogramm kriegen Sie auch, um Sie vor dem Zorn datenschutzbemühter Eidgenossen zu bewahren!

Risiko: 75 Prozent – Dieses Verfahren bietet sich nicht bei einer Alleinregierung der FDP an! Auch besteht eine kleine Chance, dass die Stimmung kippt und Menschen Datenschutz mal wieder eine gewisse Priorität einräumen!

Legalität: 3,4 Prozent – Eigentlich null Prozent, aber da Sie sich entschlossen haben, der Robin Hood der ehrlichen Steuerzahler zu sein, gibt es einen gewissen »Rächer der Witwen und Waisen«-Bonus. Bei einem derart geringen Prozentsatz an Legalität kann es allerdings sein, dass Sie von wütenden Schweizer Bankern mit Kreditkartengeräten, Tresorschlüsseln oder Alphörnern beworfen werden!

MONEY-YOGA-STELLUNG

Rütli-Asana

Erheben Sie die rechte Hand mit drei gespreizten Fingern, als möchten Sie grade einen Schwur leisten. Stellen Sie sich dabei vor, auf einem hohen Berg zu stehen. Die Sonne scheint Ihnen ins Gesicht. Strecken Sie den linken Arm nach vorn, als hielten Sie eine CD in Händen. Fühlen Sie den frischen Bergwind und singen Sie dann in gebrochenem Schwyzerdütsch (langsam, immer an das typisch röchelnde Geräusch im Hals denken!) das Mantra.

MONEY-Mantra

Äch chabe chier eine chrkleine Tschedi,
mit sär intressantä dateli!

(frei übersetzt):
Die Schweiz, die fühlt sich arg verraten
Sie hortet einfach zu viel Daten!

Peer S.-W. beim einbeinigen »Rütli-Asana« – warum er diese
Stellung unbedingt mit dem »Sirtaki-Asana« kombinieren
wollte, bleibt ein Rätsel. Vielleicht dieses Strandgefühl?
Gebracht hat ihm diese MONEY-yogische Nachlässigkeit
nichts, er versoff noch am gleichen Abend 15 Euro an der
Hotelbar!

30.11.

Toyota immer noch in der Krise. So viele Unfälle mit Neuwagen. Schlimm! Mittlerweile gilt das Verschenken eines neuen Prius oder Lexus bereits als Mordversuch!

1.12.

Tagtraum: Frage mich, ob mein Leben anders wäre, wenn ich einen Tag früher geboren worden wäre? Vielleicht wäre es gar nicht anders geworden … Außer, dass ich mir diese Frage bereits gestern gestellt hätte. Nicke ein. Träume weiter. Kann mich an den Traum aber nicht erinnern. Wünsche mir einen Scanner, mit dem ich meine Gehirnwellen auslesen und in eine externe Festplatte laden kann, um mir die Träume später noch mal in aller Ruhe anzusehen. Wird wohl nicht kommen. Weil so was die Industrie und Medienwelt ruiniert!

2.12.

Geld für etwas ausgeben, was man nicht braucht, ist einerseits Geld vernichten und andererseits die Bude vollrümpeln. Aber zum Dritten ist das Aufschwung, also frohe Weihnachten! Jeder Cent, den Sie zu wenig haben, hat jemand anderes zu viel! Ihr Arbeitsplatz ist nur dann halbwegs sicher, wenn all Ihr Geld sofort wieder in die Wirtschaft fließt, die dann neue Produkte produziert, die Sie nicht wirklich brauchen, aber trotzdem kaufen sollte, damit Ihr Arbeitsplatz erhalten bleibt. Was schließt man daraus? Wer Geld spart, ist Volksfeind Nummer eins! Aufschwungverräter, Absatzmörder, Konjunkturkiller! Bausparen erfüllt den Tatbestand des Hochverrats und wird mit einer Freiheitsstrafe von nicht unter vier Weihnachtsmärkten oder Mediamarkteröffnungen geahndet!

3.12.

Wieder ein Pensionspolicenfonds pleite. Gerate ins Grübeln …

6.12.

Nikolaus. Für die Unter-30-Jährigen: Nikolaus ist so was wie Valentine's Day für Kinder. Finde es gut, dass man sich zweieinhalb Wochen vor Weihnachten noch mal extra was schenkt. Das ist wie im Profisport. Bei der WM gibt's ja schließlich auch eine Vorrunde!

7.12.
Überlege, ob es sinnvoll ist, auf Pump ein stillgelegtes Atomkraftwerk zu kaufen und darin eine Disco aufzumachen. Würde die Disco »Strahlen-Power« nennen. Verwerfe die Idee. Mein Homöopath meint nämlich, ich hätte eine Brennstab-Allergie!

8.12.
Archiv, Archiv, Archiv – überlege manchmal, ob Waterboarding nicht doch die menschlichere Folter wäre. Arbeite weiter an meinem Finanzratgeber und an einem Kapitel, das ich als Meilenstein innerhalb des Werks empfinde.

KAPITEL 10

WIE MAN OHNE MIESE REICH WIRD

Auch außerhalb des Finanzamtes suchen viele Menschen nach Reichtum und fragen sich, wie zum Teufel das mit der Kohle geht. Nun, es gibt genau drei Arten, reich zu werden.

Möglichkeit Nummer eins: Arbeit, ehrliche Arbeit! Ja, doch, das geht. Da müssen Sie gar nicht höhnisch grinsen – Reichtum durch Arbeit ist möglich! Wenn man sich genug Zeit lässt. Wer jeden Monat 100 Euro zurücklegt, ist in nur 500 Jahren Millionär!

»Schön und gut«, warf Karl-Heinz an dieser Stelle ein. Ich hatte ihm davon erzählt, da ich auch ihm zu mehr Geld verhelfen wollte. »500 Jahre – kein Problem. Aber wo soll ich jeden Monat die verdammten 100 Euro hernehmen?«

Wer also nicht die nötige Zeit mitbringt oder jeden Monat etwas Geld über hat, der weicht gern auf Möglichkeit Nummer zwei zum schnellen Geld aus. Diese ist eindeutig der schnellste und beste Weg zum großen Geld und zur Vermeidung finanzieller Verluste:

Geburt! Eine Untersuchung von Millionären hat ergeben, dass die meisten ihre erste Million bei Geburt schon hatten. Der schnellste Weg zum Reichtum geht durchs richtige Elternhaus. So, den Weg hat Otto Normalverbraucher schon mal gründlich verpasst! Und wem es nicht gelingt, mit 45 noch mal von den Albrecht-Brüdern adoptiert zu werden oder in irgendeiner Reichenklinik mal schnell ein Baby auszutauschen und dabei glaubhaft zu behaupten, man litte unter besonders schnellem Wachstum – ja, wer das nicht hinkriegt, dem bleibt nur noch eins, nämlich …

Möglichkeit Nummer drei: Sie müssen warten, bist das reiche Baby groß genug ist, um es zu heiraten!

Reiche heiraten kann problematisch sein. Männer haben immerhin ein gewisses Idealmaß für Frauen, das da lautet 90-60-90. Tests haben ergeben, dass Frauen genau das gleiche Idealmaß auch für Männer haben. Oh, ja! 90-60-90! 90 Jahr alt, 60 Millionen Euro schwer und noch 90 Tage zu leben! Die sogenannte »perfekte Partie«! Die Gefahren gerade dieser Möglichkeit jedoch sind beträchtlich – man kann sich nämlich unglaublich verschätzen! Welche Dame wurde nicht schon einmal von einem reichen älteren Mann angesprochen, der die entsprechenden Maße hatte. Ein Aussehen, als hätte er die letzte Eiszeit noch persönlich erlebt, kombiniert mit der Behauptung, er sei 93. Ahnungslos gibt man in Erwartung baldiger Erbschaftsfreuden die Jungfräulichkeit hin – um anschließend festzustellen, dass der Typ erst 64 ist und sich Silvio Berlusconi oder Flavio Briatore nennt!

Da ist dann guter Rat teuer und eine Scheidung auch! Auf die drängende Frage, wie man einen unliebsamen Partner wieder loswird, verfällt so manche Dame und mancher Herr auf kriminelle Gedanken. Die meisten Mordopfer werden von Menschen niedergestreckt, die sie sehr gut kennen – so gesehen ist Weihnachten im Familienkreis wesentlich gefährlicher als eine Runde Russisches Roulette mit chinesischen Triaden!

Interessant ist in diesem Zusammenhang auch, dass Mord in diesem Land härter bestraft wird als versuchter Mord. Dabei ist der mit dem Mordversuch doch eigentlich der Versager, der es nicht geschafft hat! Leben wir jetzt in einer Leistungsgesellschaft oder nicht?

Es gibt nur zwei Positionen, an denen man vor der Leistungsgesellschaft sicher ist: Versuchter Mord und versuchtes Management. Im Management eines großen Konzerns kann man sich die gröbsten Fehler leisten, Mist bauen ohne Ende, die

Firma nach ganz unten ziehen und den Aktienkurs halbieren (im Fachjargon heißt das »eine Firma ver-Schrempp-en«!) und immer noch mit einer fetten Abfindung nach Hause gehen!

 MONEY-Tipp

Falls Sie kein Erbe eines Millionenvermögens sind, überspringen Sie die ersten drei Möglichkeiten. Beginnen Sie gleich als Manager eines DAX-notierten Konzerns. Sie müssen selbst bei kompletter Ahnungslosigkeit keine Angst haben. Ganz im Gegenteil – Unwissenheit kann sich hier als echter Vorteil erweisen. Solange man einfach irgendetwas von »branchenfremdem Crossover-Marketing« faselt und die Belegschaft gleich mit einem »Kick-off-Incentive-Wild-Water-Rafting-Happening« überrascht, wird man erst zur Rede gestellt, wenn der Konzern bereits seit Monaten bankrott ist!

Nehmen Sie sich ein Beispiel an Karl-Gerhardt Eick, Manager bei Arcandor (KarstadtQuelle und Co). Er hatte einen 5-Jahres-Vertrag für 15 Millionen Euro. Leider war der Konzern bereits nach 6 Monaten pleite, aber das Geld kassierte Herr Eick trotzdem – versprochen ist schließlich versprochen! Herr Eick verdiente auf diese Art 110.000 Euro am Tag.

Legalität: 97 Prozent – Solange man die Bilanzen einigermaßen geschickt frisiert!

Chance: 97 Prozent – Ein Golden Handshake ist immer drin, man muss schon sehr kriminell sein, um dem zu entgehen!

Risiko: 3,8 Prozent – Sie sollten vorsichtshalber in den Monaten nach Ihrer Abschiebung den körperlichen Kontakt mit ehemaligen Angestellten und Aktienbesitzern vermeiden!

 MONEY~YOGA~STELLUNG

DAX-Asana

Setzen Sie sich bequem in einen Chefsessel. Ziehen Sie die Schultern hoch. Strecken Sie die Arme zur Seite, Handflächen nach oben. Winkeln Sie die Arme leicht an. Diese Geste ist das international anerkannte Symbol für »keine Ahnung«! Und für »ich kann nichts dafür«!

MONEY-Mantra
Entwicklung war nicht absehbar,
Ich geh mit Abfindung, na klar!

Die Schuld, die trifft doch ganz allein
Den bösen Markt, das wird es sein.

Christian B. beim DAX-Asana. Wir sehen die korrekte Ausführung im Chefsessel mit diesem perfekten, wirren, völlig orientierungslosen Blick. Nicht ersichtlich ist, ob er derart von der MONEY-Yoga-Stellung durchdrungen ist oder, ob er tatsächlich keine Ahnung hat!

9.12.
Fühle mich manchmal fremd. Spreche einen Mann auf der Straße an und frage, wie spät es sei.
»Tut mir leid«, sagte der, »ich bin nicht von hier!«

13.12.

Habe das ganze Wochenende über in der Fußgängerzone finanzielle Aufklärung sowie MONEY-Yoga gemacht. Eine Reihe Schaulustiger warf etwas Geld in einen Hut, den ich unvorsichtigerweise vor mir auf den Boden gelegt hatte. Als ich am späteren Abend nachzählte, waren es 748,79 Euro! Wie soll ich das Geld versteuern? Außergewöhnliche Einnahmen? Sonderzuwendungen? Steuervorauszahlung von Schwarzgeldbesitzern? Bin verunsichert!

14.12.

Fürchterliches ist passiert! Während ich gestern nach Dienstschluss vor einem großen Kaufhaus finanzielle Aufklärung betrieb und gerade die Lobbyopfer-Asana machte, welches durch einen breiten Spagat physisch darstellt, wie sich ein Spitzenpolitiker fühlt, der Werbegeschenke aus der Autolobby erhält – stand auf einmal MR im Publikum. Guckte verkniffen und haute ab, bevor wir miteinander reden konnten. Heute morgen musste ich zu ihm. Unangenehmes Gespräch. MR hält mich für nicht zurechnungsfähig. Ich ihn auch nicht. Leider ist er der Chef.
Jetzt soll ich zum Psychiater. Krank!

15.12.

Gehe nach Feierabend in eine Videothek. Möchte den Film mit George Clooney ausleihen, in dem er den Finanzminister spielt, der Angela Merkel, die von Veronika Ferres sehr überzeugend dargestellt wird, in eine einsame Koalitionsrunde einlädt und ihr mit Waffengewalt eine gigantische Steuererleichterung für alle aufzwingt. Titel des Films: »Der große Finanz-Bluff«. In der Videothek sagen sie, dass es diesen Film nicht gibt. Erkenne, dass es sich um einen Traum handelt und, dass ich jetzt schon meine eigenen Träume ausleihen möchte. Bin besorgt. Frage den Mann von der Videothek, ob sie wenigstens den Koalitionsporno mit Gina Wild als Familienministerin haben, mit dem Titel *Jetzt wird's schmutzig, Teil 13*«. Er verneint auch das. Überlege, die Videothek zu wechseln!

16.12.

Versuchte, mit meinem inneren Kind Kontakt aufzunehmen, aber es war nicht da. Es war auf dem Spielplatz und hat dort Drogen verkauft. Grauenhafte Erfahrung. Es machte noch nicht mal einen Profit. Werde mein inneres Kind mal mit meinem inneren Kapitalistenschwein reden lassen müssen. Aber Letzteres kann ich nicht erreichen, weil es aus rechtlichen Gründen gerade auf den Bahamas untertauchen musste. Warum kann ich keine einfache Psyche haben? Ertappe mich in dem Tagtraum, die Welt regieren zu wollen. Alle tanzen nach meiner Pfeife und zahlen, was ich ihnen aufbrumme. Wache auf und erkenne, dass das bereits der Fall ist. Immerhin bin ich als Beamter Teil der herrschenden Klasse: der Bürokratie! Weigere mich trotzdem, die innere Emigration zu verlassen.

17.12.
Nach sieben Stunden innerer Emigration im Büro wieder finanzielle Aufklärung in der Fußgängerzone, wo ich mittlerweile immer mehr zu einer bekannten Figur werde. Da fragt mich tatsächlich eine junge Dame, ob ich auch für Kindergeburtstage auftrete. Fühle mich verkannt. Erkläre ihr, dass Menschen, die solche Fragen stellen, sich auf eine Stufe mit einer intelligenzmäßig unterbelichteten Kreatur begäben. Sie fragt: »Welche?«, worauf ich sie wahrheitsgemäß aufkläre: »Blöde Kuh!«
Vermehrte Weihnachtshektik in den Geschäften. In China gibt es übrigens einen Marketing-Kanon, der besagt, dass Verkäufer immer lächeln müssen. Bei ähnlich rigiden Vorschriften wäre der gesamte deutsche Einzelhandel arbeitslos! Bei den Chinesen gibt es kein: »Wenn's nicht im Regal ist, weiß ich auch nicht!« Da heißt es: »Wenn nicht in Legal, dann illegal!«

20.12.
Widme mich den Akten, die in den letzten Tagen doch wenig Aufmerksamkeit von mir erhalten haben. Stupide. Surfe nebenher. Lese eine Meldung, nach der die Telekom aus dem Radsport aussteigen will. Angeblich wegen der ewigen Aufputschmittel-Skandale. Eine komplett falsche Strategie! Warum nutzt die Telekom nicht den reichhaltigen Erfahrungsschatz, den sie beim angeblichen Doping ihrer Radler gewinnen könnte, um ihre Fernmeldetechniker etwas schneller zu machen?

21.12.

Muss noch ein Geschenk kaufen. Für meine Mutter. Die Fußgängerzone, in der ich vor nicht allzu langer Zeit Triumphe finanzieller Aufklärung feierte, verwandelt sich in die schiere Hölle. Terror ist das,
sagen die einen. Psychische Folter, Verletzung der Menschenrech-
te, Nahkampf mit Mitteln, die gegen die Genfer Konvention versto-
ßen. Es ist die Ausweitung von No-go-Areas bis vor die Haustür, ein
Großangriff aufs Kleinhirn, ein Selbstmordanschlag des Portemon-
naies. Die anderen nennen es schlicht Weihnachtseinkauf!

Jene Zeit, in der alle durchdrehen! In der Familien verzweifelt Waffenstillstandsabkommen schließen: Man wolle dieses Jahr mal auf
Geschenke verzichten und stattdessen einfach so gemütlich zusammen sein! Ein Waffenstillstandsabkommen, das in der Regel
von irgendeinem Cousin dritten Grades hundsgemein mit einem
»winzigen« Geschenklein (»Ist doch bloß 'ne Kleinigkeit, und ich er-
warte wirklich gar nichts im Gegenzug«) heimtückisch gebrochen
wird, was einen ganzen Atomkrieg der Rückschenkerei provoziert,
der mit Paketen aus heimlich angelegten Geschenkarsenalen aus-
gefochten wird, bis das Wohnzimmer in ein Hiroshima überflüssi-
gen Konsums verwandelt ist. Das ist die Zeit, in der Familien zerbre-
chen, in der Gewalt ausbricht, in der Amoklauf plötzlich die einzig
wahre Form von Jogging scheint.

In dieser Zeit der Legalisierung des Terrors, sprich Ausweitung der
Ladenöffnungszeiten, gibt es jedoch immer noch Gruppen, die
verzweifelt dagegen ankämpfen und Papis Sonntag doch noch
retten wollen. Die Gewerkschaft Ver.di klagte vor einiger Zeit sogar
gerichtlich, weil man eine gesundheitliche Gefährdung der Mitarbeiter befürchtete!

In der Tat ist das gesundheitliche Risiko beträchtlich: Die Lange-
weile, die einsetzt, wenn ab 19 Uhr niemand mehr das Kaufhaus
betritt, kann einen Mitarbeiter so aus der Vorweihnachtshektik
rausreißen, dass man später nie wieder einsteigen kann und an
sozialer Entfremdung brutal zugrunde geht. Es ist so einsam ab
19 Uhr, dass viele Verkäufer gar nicht mehr von Spätschicht reden,
sondern von Isolationsfolter.

Weihnachtliche Stille, Besinnung und Kontemplation setzen erst
nach Weihnachten ein, wenn man nämlich den Kontoauszug in

Händen hält und angesichts unvorhergesehener Verluste aufgrund zu hohen Konsums einen plötzlichen Atemstillstand erleidet.

22.12.

Bin deprimiert. Muss etwas unternehmen. Stemme mich aus der inneren Emigration empor und rufe MR an. Erzähle ihm einen Beamtenwitz, den ich von Karl-Heinz (wem sonst?) habe:

Kommt ein Beamter zum Arzt und lässt sich untersuchen. Er meint: »In letzter Zeit fühle ich mich wie gerädert!«
»Arbeiten Sie zu viel?«
»Ach, das geht eigentlich, Herr Doktor, vor einem Jahr mussten wir mit Überstunden noch ca. 42 Stunden arbeiten und heute sind es nur noch 37,5 Stunden.«
»Sehen Sie«, stellt der Doktor die Diagnose. »Ihnen fehlen wahrscheinlich diese 4,5 Stunden Schlaf!«

MR reagiert säuerlich und gibt mir die Adresse des Betriebspsychologen, bei dem ich mich im neuen Jahr melden soll. Ein gewisser Dr. Fuhrmann.

23.12.

Zu kalt für die Fußgängerzone. Unterbreche die IE (innere Emigration), um ein paar Akten zu archivieren. Und um ein weiteres Kapitel meines Finanz-Standardwerkes zu verfassen und vor den Gefahren des weihnachtlichen Verpackungswahns und anderer drastischer finanzieller Komponenten zu warnen:

KAPITEL 11

WIE MAN VERPACKUNGSKRISEN OHNE MIESE BEWÄLTIGT

Wir leben in einem Zeitalter der Verpackung. Wo immer man heute geht und steht, ist man umgeben von Verpackungen. Lebensmittel – verpackt. Möbel – verpackt. Menschen (gerade im Winter) – verpackt! Anscheinend hat sich eine Grundidee des Marketings durchgesetzt, die da lautet: »Gut verpackt ist halb verkauft!« Seit dem Siegeszug des Piercingwahns ist die Anzahl metallischer Deko-Human-Verpackungen derart gestiegen, dass viele junge Menschen bei der Scheidung ein Dosenpfand verlangen!

Dummerweise ist vor einiger Zeit eine Verpackungsrichtlinie gefallen. Jetzt tauchen vermehrt Mogelpackungen auf. Viele Firmen sind dazu übergegangen, nicht nur die Verpackung, sondern auch den Inhalt zu reduzieren – bei allerdings gleichbleibendem Preis! Die Industrie argumentiert gerne, dass man sich mit kleineren Verpackungen auf die veränderte Bevölkerungsstruktur einstelle, da es weniger Familien gibt! Aber dass die immer häufiger werdenden Single-Haushalte durchgehend von preisunbewussten Idioten bewohnt sind, ist ein Marketingmärchen, das wahrscheinlich von verheirateten Werbestrategen im Vollsuff ausgeheckt wurde!

Pampers-Baby-Dry-Windel-Packungen zum Beispiel enthielten auf einmal statt 44 nur noch 40 Windeln, de facto eine

Preissteigerung von 10 Prozent. Schon sind die Babys nicht mehr ganz so trocken.

An dieser Stelle meines Kapitels warf Karl-Heinz, dem ich es als Erstes zeigte, auf einmal ein:
»Moment mal, Baby Dry?«
Ja, Baby Dry!
»Ist ja unglaublich, dass man Mütter jetzt wie James-Bond-Action-Helden behandelt!«
Wieso denn das?
»Wie hätten Sie ihr Baby gern? Geschüttelt oder gerührt? Dry!«
Dann schüttelte er sich vor Lachen. Ich hätte diese Episode nicht eingefügt, wenn ich nicht ab und zu belegen müsste, mit welcher Art von Ignoranz ich tagtäglich kämpfen muss!

Im Gegenzug bezahlt Procter & Gamble mit jeder verkauften Windelpackung eine Tetanus-Impfung in Afrika. Man könnte also argumentieren, dass Pampers einfach mehr Kinder impfen möchte, indem sie zum häufigeren Packungskauf motiviert. Andererseits kostet eine Impfdosis knapp 5 Cent, und die Gewinnsteigerung beträgt mindestens 1 Euro!

Hier musste Karl-Heinz erneut unterbrechen:
»Warum wechselt die Blondine ihrem Baby erst nach drei Monaten die Windeln?
… weil auf der Verpackung steht: ›7–18 kg‹!«

Wie gesagt – ein trauriges Niveau. Aber sehr weit verbreitet! Zurück zum Thema. Eine bayerische Molkerei brachte 2009 eine neue Buttermilch auf den Markt, die nur noch 85 Cent statt vorher 89 kostet. Dafür ist sie allerdings auch 100 Gramm leichter und hat ihren Preis somit um stolze 19 Prozent gesteigert! Da kann man schon fast nicht mehr vom »scharfen Gegenwind der Inflation« sprechen, die Firma verwandelt diesen Wind in etwas, das mehr wie der »Hurricane Katrina« der Inflation wirkt!

Das Ganze ist allerdings ein bekanntes Phänomen: »Schrumpfender Inhalt in scharfer Verpackung« ist jeder Frau ein Begriff, die schon mal einen Porschefahrer im Bett hatte!

 MONEY-Tipp

Nutzen Sie die Möglichkeiten, die sich durch das Prinzip »kleinere Verpackung, größerer Preis« ergeben. Was Pamela Anderson jahrelang erfolgreich umsetzte, können Sie schon lange: Gleichbleibende Bezahlung, aber weniger Leistung. Stellen Sie sich einfach vor, dass Sie bei der Post arbeiten. Vor dem Schalter ist eine sehr lange Schlange, aber Sie machen erst mal Pause. Völlig ungerührt! Sie werden dadurch entspannt, und die Wartenden lernen, was der Begriff »Ewigkeit« wirklich bedeutet! Ein Win-win-Deal – alle werden durch diese Situation bereichert, auch wenn die Wartenden es vielleicht erst später begreifen werden!

Chance: 52 Prozent – Dienst nach Vorschrift sagen die einen. Bummelstreik die anderen! Es gibt Lukrativeres. Aber nicht bei einem Risiko von . . .
Risiko: 0 Prozent – Solange man bereits verbeamtet ist!
Legalität: 88 Prozent – Trödeln hat noch niemanden in den Knast gebracht! (Außer, wenn man sich nach einem Bankraub zu viel Zeit lässt . . .)

 MONEY-Yoga-Stellung

Verpackungs-Asana

Stellen Sie sich hin, die Beine parallel. Knicken Sie eines der Beine etwas nach innen ein. Die Hände ballen Sie zu Fäusten, die Arme winkeln Sie etwas an. Rollen Sie mit den Schultern nach vorne. Spannen Sie Beine, Brust und Arme an, bis Sie wie der Gewinner eines Bodybuilding-Wettbewerbs aussehen. Der Sie aber nicht sind. Sie Mogelpackung!

MONEY-Mantra

Verpackung bleibt, der Inhalt schrumpft –
Rendite steigt, das Konto trumpft!

Auch die Nationale Volksarmee kann sich für MONEY-Yoga begeistern. Diese patriotischen Kräfte aus der Slowakei (!) beweisen ein beeindruckendes Engagement bei der Präsentation der Verpackungs-Asana. Obwohl Frau Katarina K. leichte Abzüge in der Ausdrucksnote erhält!

24.12.
Morgens. Weihnachten steht vor der Tür. Werde zu meiner Mutter fahren. Fürchte mich.

24.12.
Abends. Furcht war begründet. Weihnachten fürchterlich. Sogar Verwandte da!

25.12.
Überlebt. Knapp. In vielen Familien ist das Fest der Liebe ja eher ein Fest der Hiebe. Bei uns war es eher eisiges Schweigen. Erst als ich erzählte, dass ich in den Finanz-Gulag strafversetzt bin, lockerte sich die Stimmung etwas auf. Kein Wunder: Mein Schwager Kurt ist Gastronom. Der es mit Steuerehrlichkeit nicht so wahnsinnig genau nimmt …

26.12.
Liege dumpf herum, versuche zu verdauen.

27.12.
Finanzamtsfreie Zeit. Nutze sie, um mein Standardwerk zu verbessern. Lasse aktuelle Erlebnisse wie Völlerei und Verstopfung einfließen.

KAPITEL 12

WIE MAN KÖRPERLICHE KRISEN OHNE MIESE ÜBERWINDET

Die Deutschen sind die Dicksten Europas! Es ist zum Fürchten! Jeder zweite Deutsche ist zu dick. Zwei Drittel der Männer und 51 Prozent der Frauen sind übergewichtig! Obwohl viele behaupten, dass die Statistik einfach falsch interpretiert wird: Die Deutschen wären gar nicht zu dick, sondern einfach zu klein!

Trotzdem ist die Entwicklung alarmierend. Das Verbraucherministerium hat dem Übergewicht bereits den Kampf angekündigt, dürfte allerdings mit dem Projekt »Schlankes Deutschland« überfordert sein. Da muss doch noch ganz viel passieren!

Es braucht eine EU-Richtlinie nach dem Vorbild der Tabakindustrie. Zum Beispiel Warnhinweise auf Nudeln und Sahnetorten: »Achtung: Essen schadet Ihrer Gesundheit!« – »Essen ist tödlich!« – »Essen in der Schwangerschaft kann Brechreiz verursachen!« – »Essen mit Politikern auch!« – »Essen führt zu Impotenz!« Na gut, nicht direkt zu Impotenz. Aber ab einem gewissen Gewicht ist der Unterschied rein akademisch!

Fett muss radikaler bekämpft werden! In den USA hat ein Zahnarzt namens Buddenberg begonnen, Übergewichtigen die Zähne zusammenzunähen und so die Dicken auf radikale Weise zum Abnehmen zu zwingen. Das Kanzleramt soll ebenfalls erwägen, diese Maßnahme bei gewissen leitenden Angestellten des Außenministeriums durchzuführen.

Eine Beraterfirma der Regierung muss weitere Einsatzmöglichkeiten der »Zähne-zunäh-Methode« prüfen: Kampfhunde oder Leute mit Mundgeruch werden als mögliche Kandidaten für diese Methode gehandelt.

Auch die Ernährungsindustrie soll in die Pflicht genommen werden und wegen der Fehlernährung dicker Kinder in einen Fonds für Aufklärungsmaßnahmen einzahlen. Die Industrie reagierte erst mal empört. Es sei schließlich teuer genug, fetthaltiges Essen zu produzieren! Dabei wäre es so einfach, auf Süßigkeiten fette Warnhinweise anzubringen, die sich speziell an Kinder und Jugendliche wenden: »Wenn du das hier konsumierst, wirst du fett und kriegst Pickel und siehst genauso bekloppt aus wie die anderen doofen Kids, die du keines Blickes mehr würdigst, weil du ein cooler Teenie sein willst!« Dabei muss man sich keine Sorgen machen, dass der Absatz sinkt, wenn die Kinder das lesen. Denn laut PISA-Studie können die meisten gar nicht lesen! Und die, die es könnten, kriegen von ihren Eltern ein Schulbrot geschmiert und hauen das Taschengeld für Mozart-Klavierauszüge auf den Kopp!

Steuerliche Maßnahmen sollten ebenfalls erwogen werden! Wie wäre es mit einer Sondersteuer für Dicke? Da fettleibige Menschen Bürgersteige, Straßenbeläge und öffentliche Toiletten sehr viel stärker abnutzen als Normalgewichtige, wird eine Übergewichtssteuer – kurz: ÜG-Steuer – erhoben, im Volksmund demnächst als »Fettpfennig« bekannt!

Die Höhe der ÜG-Steuer sollte ab 120 Kilo 100 Euro extra im Jahr betragen. Pro Kilogramm, versteht sich. Dann kann Sigmar Gabriel nur durch seine Zusatzsteuern im Alleingang die Arktis retten. Das ist angewandte Sozialdemokratie! Sukzessive wird die Erhebung der Steuer dann bis auf 50 Kilo abgesenkt, sodass Bulimiker irgendwann die wohlhabendsten Bürger des Landes sind. Von vielen Mager-Models wird man dann nur noch sagen, dass sie sich »reichgekotzt« haben!

Der Kampf gegen das Übergewicht muss auf ganz breiter Basis geführt werden. Denn Ess-Junkies kommen zu leicht an ihren Stoff ran. Was ist mit den Drogenhöllen für Esser? Die sogenannten Restaurants? Die müssen radikal kontrolliert werden. In einem ersten Schritt werden Desserts verboten!

Und wer schützt die benachteiligten Nicht-Esser? Jeder, der schon mal eine wunderbare, entschlackende Diät gemacht hat, weiß, wie gruselig es ist, wenn die Partnerin oder der Partner einen zwingt, einen gemütlichen Abend mit Freunden im Restaurant zu verbringen. Alle futtern genüsslich vor sich hin, nur man selbst isst nix, weil man sich die Entschlackung nicht kaputt machen will! Der Geruch des Essens steigt penetrant in die Nase, man ist hungrig wie ein Wolf und leidet wie ein Mops mit zugebundenem Maul. Das sind die Momente, in denen man sich danach sehnt, in einem Raucherraum zu sitzen. Dort wird man wenigstens nicht von Essensgerüchen gefoltert! Der hehre Nicht-Esser und andere Magersüchtige sollen also vor den Fressern in Restaurants geschützt werden. Neben Nichtraucherräumen muss es in Restaurants dringend auch Nicht-Ess-Räume geben, in denen nur aromatisiertes Wasser gereicht wird (ohne Zucker!).

Denn Übergewicht schadet der Volksgesundheit und zieht hohe Gesundheitskosten nach sich, die dieser Staat sich gerade überhaupt nicht leisten kann! Fettleibigkeit führt zu schlechter Laune, diese wiederum gefährdet den sozialen Frieden und die innere Sicherheit. Damit ist das Problem auch ein Thema für den Innenminister. Sobald der das begreift, kann man mit einem schonungslosen Durchgreifen rechnen. In einem ersten Schritt wird das Toll-Collect-Mautsystem leicht modifiziert und meldet anschließend Dicke im Straßenverkehr. Diese werden sofort angehalten und zur Rede gestellt. Da nützt auch die Ausrede nix, man wäre bloß dick, weil man dem Airbag nicht vertraue! Die Herrschaften müssen so lange am Straßenrand fasten, bis sie wieder als sichere Unfette am Verkehr teilnehmen dürfen.

Gerade im ehemals sozialistischen Teil Deutschlands breitet sich die Fettsucht rasant aus. Die Abfolge »Sozialismus – Kapitalismus – Fettzelle« muss dringend unterbrochen werden. Am Ende aller politischen Systeme (hier muss man Marx enttäuschen) steht eben nicht der Kommunismus, sondern eine Diät! Diese Diät muss ins Volk getragen, erweitert und erhöht werden. Das kann gelingen, wenn alle an einem Strang ziehen. Der Bundestag wird mitmachen, sogar ohne großen Lobbydruck, denn jeder Politiker weiß: Sogar die kleinste Diätenerhöhung hilft!

MONEY-Tipp

Fangen Sie noch heute Ihre Diät an! Denken Sie dran: Jede Torte, die Sie ungegessen in den Mülleimer werfen, macht Sie reicher! Beantragen Sie kein Hartz IV! Nehmen Sie ab und überzeugen Sie Ihr Jobcenter, dass Sie deswegen eine Diätenerhöhung verdient haben! Denn Ihr schlanker Körper macht dieses Land wieder wettbewerbsfähig!

Legalität: 100 Prozent – Vermutlich sogar Pflicht, sobald im Personalausweis ein BMI (Body-Mass-Index, Skala zur Berechnung der Körperfülle) von 25 kg/m^2 festgeschrieben wird. Wer diesen bei der Einreise etwa nach einem Urlaub überschreitet, muss so lange um den Flughafen joggen, bis er wieder »schlank genug für Deutschland« ist!
Risiko: 39 Prozent – Wie bei jeder Investition ist auch diese mit Vorsicht zu genießen. Eine Übertreibung kann sich negativ auf das Portfolio auswirken. Erinnern Sie sich, dass eine besonders hohe Benotung bei der »Kate-Moss-Mager-Meisterschaft« auf die Dauer unangenehme Nebeneffekte für das Überleben haben kann.
Chance: 73 Prozent – Die Einsparpotenziale an überflüssigem Essen sind in Krisenzeiten gut angelegt!

MONEY-YOGA-ÜBUNG

Die Diät-Stellung: **Bundestags-Asana**
Auf einer möglichst etwas gepolsterten Unterlage in den Schulterstand gehen (im traditionellen Yoga nennt man diese Position gern fälschlich »Kerze« und nicht »Bundestags-Asana«). Im Schulterstand dann den Bauch einziehen und spü-

ren, wie schlank Sie auf einmal sind. Spüren Sie außerdem, dass Sie in dieser Position nur ganz schwer essen können! Ruhig weiteratmen. Die Beine leicht öffnen und spüren, wie der Reichtum von oben als Diätenerhöhung in eine Körperöffnung fällt. Halten Sie diese Stellung mehrere Monate lang! Dann erheben Sie sich, steigen auf die Waage und exaltieren!

MONEY Mantra
Ich bin mal wieder auf Diät,
Weil das für Wirschaftswachstum steht!

Das Bundestags-Diät-Asana: ausgeführt am Mekka des deutschen Finanzsystems! Frontal und …!

28.12.
Entzugserscheinungen – vermisse das Büro. Schlage bei Wikipedia nach unter »Workaholic«. Finde als Erklärung: »Arbeitssucht.« In meinem Fall wohl eher »Innere-Emigrations-Sucht«. Das Büro ist so herrlich still. Meine Wohnung hingegen liegt an einer Hauptverkehrsstraße. Überlege, wie hoch die Mineralölsteuer noch steigen muss, bis die Straße so still wie mein Büro ist. Verfasse eine Petition an den Umweltminister für eine radikale Steuererhöhung auf Ölprodukte.

29.12.
Schlaflose Nacht. Soll ich die Petition wirklich abschicken? Spreche mit Karl-Heinz über das Thema. Werde ermahnt, niemals etwas gegen das Auto zu sagen.

»Bist du komplett durchgeknallt? Attacken gegen das Auto sind das Einzige, was Deutsche dazu bringen könnte, die Scharia einzuführen! Du kannst in diesem Land nackt auf die Straße kacken, aber wenn du was gegen das Auto sagst, wirst du gesteinigt!«

Dann kommt der unvermeidliche Witz: »Woran merkt man, dass Flensburg am Payback-Bonus-System teilnimmt? Ab 18 Punkten gibt's ein Fahrrad!« Zerreiße die Petition. Kann aufs Autofahren nicht verzichten. Dann lieber den Lärm. Zumal ich vor nicht allzu langer Zeit eine Subvention aufs Auto in Anspruch genommen habe – die Abwrackprämie. Soll der neue Kia nur noch ungenutzt rumstehen? Spüre, wie ein Kapitel für meinen Ratgeber: »Ohne Miese durch die Krise!« heranwächst.

30.12.

Gehe einkaufen. Überall decken sich Menschen panisch mit Lebensmitteln ein. Als wäre demnächst Krieg. Ist aber bloß Silvester! Naja, vielleicht ist Silvester emotional das Nächste, was wir so als Krieg wahrnehmen. Näher dran ist nur noch das Oktoberfest. Unangenehmes Telefonat mit Karl-Heinz. Er will mich zu einer Silvesterparty nach München mitnehmen. Nach München kriegen mich keine zehn Pferde!

31.12.

Bin in München! Konnte dem Druck nicht mehr standhalten. Karl-Heinz meint, ich müsste mal wieder neue Menschen kennenlernen. Besonders Frauen. Habe ihm erklärt, dass Frauen rein finanziell gesehen ein Desaster wären. Da würde auch das Ehegatten-Splitting nichts dran ändern. Habe sogar Statistiken herangezogen, um diese Fakten zu untermauern. Viele Männer erleben trotz hoher Einkünfte eine gefühlte Armut, die nur knapp über der von Bangladesch liegt! Nur weil sie Unterhalt für ein Kind zahlen!

Nun also in der Hauptstadt der Bayern. Werde versuchen, nicht unangenehm als Preuße aufzufallen. Tarne mich und mache das, was hier anscheinend alle tun: Komasaufen!

1.1.

Überlebt. Aber nur knapp. Erinnerung an gestrigen Abend futsch.

Unbekannte Frau in meinem Bett. Sehr unangenehm. Schaue nach, ob mein Geld noch da ist. Es ist. Als sie aufwacht, schaut sie mich lange an und fragt dann, wie mein Vorname sei. Verbitte mir diese Distanzlosigkeit!

Gemeinsam rekonstruieren wir bei einem Tee den Hergang des letzten Abends. Habe sie anscheinend gefragt, ob sie für 1 Million Euro mit einem ihr unbekannten Mann Sex haben würde. Darauf hatte sie gemeint: »Sofort!« Dann fragte ich, ob sie auch mit mir für 25 Euro Körperflüssigkeiten austauschen würde. Was sie zum Anlass nahm, pikiert zu fragen, wofür ich sie denn halte?

»Das wissen wir doch bereits«, meinte ich. »Im Augenblick verhandeln wir nur noch den Preis!« Sie fragt, bei welcher Summe wir denn angelangt seien. Erwähne es lieber nicht. Glimpfliches Ende – sie kann sich an keinen Sex mit mir erinnern.

Bin plötzlich froh, das Kondom gleich am Morgen entsorgt zu haben. Spendiere ihr trotzdem einen Tee im Hotel!

Unangenehme Begebenheit auf dem Rückweg. Vielleicht ist es das Wort »Feucht« auf dem Schild »Nürnberg-Feucht«, welches mich plötzlichen Blasendruck verspüren lässt.

Halte an, begebe mich zu den Toiletten, falle prompt einem Raubüberfall zum Opfer. Dieser wird, wie inzwischen üblich, nicht mal mehr persönlich erledigt, sondern von einer Maschine! Ein Sanifair-Automat, der zusätzlich zu den üblichen 50 Cent (für einen »Verzehrbon«, dessen Geld man für überteuerten Cappuccino gleich wieder ausgeben konnte) auch noch 20 Cent für »Service« von mir erpresste! Schaue mich in dem voll automatisierten Toilettenraum ohne jegliches Personal um. Welcher Service?

Früher hatten diese Autobahntoiletten wenigstens noch was Sportliches. Wenn die bulgarische Toilettenfrau bei ihrem Teller stand, warf man was rein. Wenn nicht, war es ein günstiger Toilettenbesuch. Dann kam Sanifair.

»Wieso fair?«, frage ich Karl-Heinz. »Was ist daran fair? Dass jetzt alle abgezockt werden?«

Er bemüht sich, das Positive zu sehen: »Sei froh, dass noch nicht nach hinterlassenem Kilogramm abgerechnet wird!«

An der Kasse heißt es auf meine Abzocke-Beschwerde, es handle sich um einen Zuschlag für Not leidende Sanifair-Manager, die aufgrund der Bankenkrise unverschuldet in eine finanzielle Schieflage geraten seien … Vermisse plötzlich die Zeiten, zu denen man einfach mal spontan im Morgengrauen eine kleine Razzia bei diesen Leuten gemacht hat. Vorbei.

Es muss wirtschaftlich wieder stark bergauf gehen, wenn diese »Urinsteuer-Mafia« sich traut, mal eben die Preise um 40 Prozent zu erhöhen! Das Geschäft mit der Notdurft ist ein boomender Wirtschaftszweig – Toiletten in Einkaufszentren (»ein kleiner Beitrag für die Sauberkeit«) erwirtschaften sechsstellige Beträge – im Monat! Ryanair will ebenfalls Toilettengebühren einführen. Somit leitet eine vergrößerte Prostata nicht nur gesundheitlichen Verfall, sondern auch finanziellen Ruin ein! Billigflugpreise errechnen sich dann wie folgt: Oneway Berlin–London: 2 Cent, Steuern und Gebühren: 98 Euro, Gepäck: 60 Euro, Einchecken: 20 Euro, Pinkeln: 200 Euro, gesamt: 378,02 Euro! Erstattung nach Ausfall des Fluges und den zusätzlichen 300 Euro, die beim stundenlangen Warten auf kostenpflichtigen Toiletten fällig werden: Null Euro.

Bin froh, wieder zu Hause zu sein. Schaue zärtlich auf mein eigenes Klo und weiß jetzt, was Goethe meinte, als er sagte: Wozu in die Ferne schweifen …

2.1.

Fasse den Vorsatz, ein besserer Mensch zu werden.

3.1.

Wieder im Büro. Fühle mich unwohl. Obwohl ich ein besserer Mensch geworden bin.

4.1.

Polizei war da. Frau hat mich angezeigt. Wegen Belästigung! Beschließe, doch kein besserer Mensch zu werden. Kann es mir rein finanziell überhaupt nicht leisten! Außerdem … »Vorsatz« – wie klingt das denn? Als ob man etwas vorgesetzt bekommt. Und wer bekommt schon gerne etwas vorgesetzt? Einen Vorgesetzten? Erschauere bei dem Gedanken an MR. Der prompt anruft und mich an meinen Termin bei Dr. Fuhrmann erinnert. Nutze den letzten Tag in Freiheit, um mir Gedanken über Veränderungen zu machen.

KAPITEL 13

WIE MAN OHNE MIESE VERÄNDERUNGEN ÜBERSTEHT

Kein Wort hat in letzter Zeit eine derartige Karriere gemacht wie das Wort »Veränderung«. Das 21. Jahrhundert ist definitiv das Jahrhundert der Veränderungen. Jedenfalls wenn man Marketingstrategen, Management-Gurus und Windows-Betriebssystemen Glauben schenken darf. Sicher, Veränderungen hat es schon immer gegeben.

Gerade den Deutschen aber sagt man eine gewisse Veränderungsunwilligkeit nach. Das ist in der Form sicherlich nicht ganz richtig. Sie fürchten sich nur vor unangenehmer Veränderung! Denn Veränderung, oder wie es auf neudeutsch heißt: »Change«, bedeutet in letzter Zeit nur allzu oft Gehaltserhöhung für die Führungskräfte und Arbeitslosigkeit für den Rest! Da betrachtet der Rest das Phänomen »Veränderung« eben mit einer gewissen Skepsis!

Schließlich wird nicht jede Veränderung von jedem gleichermaßen positiv bewertet. Ein guter Bekannter von mir, der sich beruflich neu orientieren wollte, durchlief neulich eine gigantische Veränderung!

»Hat er sich selbstständig gemacht?«, fragte Karl-Heinz an dieser Stelle.

Er ist gestorben! Aber wie er mir in seinen letzten Momenten anvertraute, nahm er es sehr positiv auf: Wo sonst könne man den ganzen Tag auf der faulen Haut liegen und trotzdem mietfrei wohnen?

Gefahren entstehen im Change-Bereich immer dann, wenn Menschen gar nicht mehr aus dem Thema aussteigen können. Mein ehemaliger Freund Tom, der sogar eine eigene Beratungsfirma mit dem schönen deutschen Titel »Brain Resources Creative Consulting« führt, ist dem Veränderungswahn komplett verfallen, wie ich neulich bei einem gemeinsamen Frühstück feststellen musste.

»Die Eier sind jetzt aber ein bisschen hart geraten«, sagte ich. Da legte er volle Kanne los: »Hart? Was heißt hier hart? Diese Eier haben nach einer von Brain Resources Creative Consulting erstellten umfassenden Marktanalyse mit dem Titel ›Ei und Wachstumschancen‹ erkannt, dass sie neue ›Kompetenzen‹ entwickeln müssen, um sich innerhalb von ›Kompetenz-Überlebens-Center-Herausragender-Effizienz‹ (kurz KÜCHE) erfolgreich am Markt positionieren zu können.

Gemeinsam mit einem Team von ›Brain Resources Creative Consulting‹-Consultants sowie einem Crossover-Stab aus Eieranalysten und Heißwasserexperten ist es diesen Eiern gelungen, ihre Defizite als ›Radikal Optimierungsbedürftige Hauseier‹ (kurz ROH) zu erkennen und ihre Fähigkeiten, Methodologien, Wissen, Kapital und Erfahrung einzusetzen, um einen systemintegrierten Optimierungsprozess zu entwickeln!

Das Coaching fand in einem lebensnah simulierten Kompetenz-Überlebens-Center-Herausragender-Effizienz (kurz KÜCHE) statt, um den Eiern einen industriegebundenen Referenzrahmen zu bieten. Dank des von Brain Resources Creative Consulting entwickelten und patentierten POWER-Prozesses (POWER für ›Projekt-Offensive zur Wettbewerbsfähigkeit durch Effizienzerhöhung und Restrukturierung‹) haben diese Eier es geschafft, ihre Defizite als ›Radikal Optimierungsbedürftige Hauseier‹ (kurz ROH) in eine ›Handlungsaktive Restrukturierungs-Technologie‹ (kurz HART) zu verwandeln. Diese Eier sind erfolgreiche Eier, weil sie sich verändert haben!

Veränderung hat es schon immer gegeben. Nur wurde früher nicht so ein Geschrei darum gemacht! Es war einfach klar. Auf Leben folgt Tod. Und auf Tod wieder Leben. Notfalls als leichenzersetzende Bakterien. Letztlich ist überhaupt alles Veränderung: Jeder Atemzug. Jeder Herzschlag. Jede Bewegung der Finger auf den Tasten des Computers. Man könnte auch aufhören, darüber zu reden. Wär halt bloß nicht so profitabel. Die einzige Veränderung, die wirklich eine Veränderung von der Veränderung wäre, wäre keine Veränderung!«

»Wie bitte?« Karl-Heinz hatte schon immer Schwierigkeiten mit Philosophie.

Da alles Veränderung ist, wäre das Einzige, was anders ist: keine Veränderung! Die es allerdings nicht geben kann, weil Bewegung das Prinzip des Lebens ist. Sogar Steine sind in Bewegung und verändern sich.

Im Großen und Ganzen ist Veränderung meist eine Frage der Perspektive. Was für den einen eine tolle, attraktive Veränderung ist, ist für die andere ein Scheidungsgrund! Vielleicht sollten wir das Thema nicht ganz so wichtig nehmen. Immerhin leben im menschlichen Körper etwa eine Billion Kleinstlebewesen. Bakterien, Mikroben, Viren etc. Eine Billion! Die alle in der einen oder anderen Form von deinen Körperfunktionen leben. Da ist das »Ich« eindeutig in der Minderheit! Das Ich gibt vor, ein Mensch mit eigenen Zielen zu sein, diese Wesen hingegen sehen das etwas anders. Während man versucht, im Dance-Club auf der Tanzfläche eine gute Figur zu machen, ärgern die sich höchstens, dass das Abendessen so bescheuert rumzappelt!

 **MONEY-Tipp**

Erfinden Sie eine eigene Veränderungsstrategie. »In sieben Schritten zum Sex-Gott!« Oder ähnlich. Sie dürfen diesen Titel klauen! Bauen Sie ein paar nette Geschichten und Metaphern drum herum. Treten Sie in Talkshows als Veränderungsexperte auf. Sicherlich gibt es da schon den einen oder anderen, aber in der Branche ist durchaus noch Raum für ein paar exzellente Dampfplauderer. Top-Change-Gurus verdienen bis zu 50.000 Dollar am Tag. Worauf warten Sie?

Legalität: 100 Prozent – Wer redet, kann nicht beißen! Dampfplaudern ist extrem legal. Und Grundvoraussetzung, um Politiker zu werden!

Chance: 95 Prozent – Die Kunst ist allerdings, mit der eigenen Dampfplauderei aufzufallen. Der Markt ist da anspruchsvoll!

Risiko: 21,7 Prozent – Zahllose Menschen erliegen der eigenen Dampfplauderei und glauben den selbst verzapften Schwachsinn. Die Folgen sind drastisch – sie reichen von Egomanie über Kokainmissbrauch bis hin zu Ehen mit hübschen, aber hirnlosen Frauen!

 MONEY-YOGA-STELLUNG

Change-Asana
Legen Sie sich in einen Liegestuhl. Atmen Sie ein. Atmen Sie wieder aus. Veränderung kann so einfach sein!

MONEY-Mantra
Change-Management macht superreich,
Wenn alle in der Birne weich.

Georg M. aus A. bei einer beeindruckend durchgeführten Change-Asana! Lässigkeit in Kombination mit totalem Loslassen brachte ihm rasch den gewünschten Erfolg. Beim Captain's Dinner seines Kreuzfahrtschiffes gewann er einen Puschelbären in der Tombola, den er später bei Ebay für 17,30 Euro versteigerte (zuzgl. Versandkosten).

5.1.

Wieder ein paar Stunden innere Emigration. Übe, die Akten durch mentale Konzentration dazu zu bringen, sich von alleine einzuordnen. Scheitere.

Mache mich nach erneuter Repressionsdrohung durch MR auf zu meinem Termin bei Dr. E. Fuhrmann! Doktor der Psychiatrie und der Psychotherapie! Wahrscheinlich ein kahlköpfiger, besserwisserischer, verkopfter, miesepetriger Dienstpsychiater, der jedes Attest ausstellt, um das seine Vorgesetzten ihn bitten!

6.1.

Grauenhaft! Bei Dr. Fuhrmann war es genau, wie ich es mir vorgestellt hatte. Mit einer kleinen Ausnahme. Das E. steht nämlich für Elisabeth!

»Seit wann dürfen Frauen die Psyche von Männern auseinandernehmen?«, fragte ich die Horrorerscheinung aus Brille, Dutt und weißem Arztkittel.

»Seit es die Ehe gibt!«, antwortete sie sanft.

Hasste sofort den Ton von Überlegenheit in ihrer Stimme. Das sind die Momente, in denen einem Mann die Scharia doch nicht ganz so scheußlich erscheint …

Dann fragte sie mich nach meinen Problemen. Erklärte, dass ich keine habe, nur Vorgesetzte. Sie nickte verständnisvoll und glaubte mir kein Wort. Ich hasse Therapie. Fruchtlose Stunde. Muss nochmals hin.

War den ganzen restlichen Tag mitgenommen. Nichts geschafft.

7.1.

Sehr kalt. Viel zu kalt. Eis und Schnee. Wo bleibt eigentlich diese Klimakatastrophe, wenn man sie mal braucht?

10.1.

Erneut Zahnschmerzen. Dr. Rösner ist ein Stümper. Kenne aber keinen anderen. Begebe mich zu ihm und höre mir stundenlang seine Klagen über die Krankenkassen, das Gesundheitsministerium und seine finanzielle Misere an.

Bin versucht, beim Abschied noch etwas Geld in seinen Hut zu werfen. Nach der Narkose möchte er mich für den Tag krankschreiben, doch ich erkläre ihm, dass das nicht nötig sei – narkotisierte Beamte fallen im Finanzamt nicht weiter auf.

Nutze den Rumpftag und die Erfahrungen mit Dr. Rösner für ein neues Kapitel.

KAPITEL 14

WIE MAN OHNE MIESE ARZT SEIN KANN

Mit viel Glück hatte ich neulich einen Arzttermin ergattert. Pünktlich erschien ich in seiner Praxis, und nach zweistündigem Sitzen im völlig überfüllten Wartezimmer kam ich endlich dran. Wäre eine Fluggesellschaft ähnlich überbucht wie mein Arzt, müsste sie mit Lynchmorden an Piloten rechnen! Bei meinem Arzt hingegen werte ich es als Zeichen des Vertrauens: Er nimmt sich Zeit! Als er jedoch nach kurzer Wartezeit im Behandlungszimmer (30 Minuten – er nimmt sich wirklich Zeit!) schließlich kam, bot sich mir ein Bild des Grauens: Derselbe Mann, der gestern noch froh und vital gegen die beschissene Finanzlage der niedergelassenen Ärzte gestreikt hatte, wirkte jetzt zerfallen und fahrig, das Stethoskop baumelte kraftlos an seinem Hals. Er stolperte über die Schwelle und fiel fast hin. Nach einer spontanen Aromatherapie (Remy Martin, 12 Jahre) erholte er sich ein wenig und murmelte etwas von miserabler »Puttlinie« und total versautem »Triple Bogey«!

Schlagartig wurde mir klar, dass der deutsche Mediziner gefährdet ist. Deshalb dieser Appell an meine Mitmenschen: Vergessen Sie die Wale! Retten Sie die Ärzte! Bringen Sie Ihrem Arzt bei jedem Besuch ein paar Golfbälle mit, damit zumindest eine Art und Weise ärztlicher Grundversorgung sichergestellt ist!

Schenken Sie ihm kleine Aufmerksamkeiten (Rolex-Armband, Cohiba, Veuve-Cliquot-Etiketten, Porsche-Anhänger, Radkappen eines Mercedes 300 SL), um sein moralisches Überleben zu sichern. Wenn Ihr Arzt für die Jagd keine Zeit mehr hat (er nimmt sich wirklich sehr viel Zeit für jeden Patienten!), bringen Sie ihm eine selbst geschossene Sau vorbei. Sobald die im Wartezimmer zum Ausbluten hängt, sind die weniger akuten Fälle spontan geheilt! Jetzt heißt es: Raus aus der Lethargiefalle! Retten Sie die Ärzte, damit Sie später wiederum von ihnen gerettet werden können!

Die Finanzsituation für Ärzte ist nämlich bei Weitem nicht mehr so rosig, wie sie mal war. Früher hieß es noch: Werde Arzt, dann biste was. Heute heißt es stattdessen: Werde was, aber bloß kein Arzt! Viele Mütter sind enttäuscht von ihren Söhnen und meinen: »Er war so talentiert, er hätte etwas Richtiges werden können. Alles stand ihm offen, er hätte richtig Geld verdienen können, etwa als Bankier, Croupier, Zuhälter – aber dann kamen die vielen Medikamente, der Kontakt mit reinem Alkohol, die durchgemachten Nächte … inzwischen ist er Chefarzt!«
Sogar gemeine Scherze machen die Runde:

»Was ist der Unterschied zwischen einem Langzeitarbeitslosen und einem Landarzt? – Ersterer hat ein sicheres Einkommen!«

Gegen diese Missstände versucht sich die medizinische Zunft mit allen Kräften zur Wehr zu setzen. Als ich neulich bei meinem Orthopäden einen Termin machen wollte, ging es erstaunlich schnell, weil er umgezogen war – in die Schweiz! Immer mehr Ärzte streichen die Segel und emigrieren. Demnächst ist ein Arztbesuch das, was heute der Jakobsweg ist – eine beschwerliche Pilgerreise, an deren Ende statt der versprochenen Erlösung eine saftige Arztrechnung kommt!

Die Politik versucht diesem Dilemma mit regelmäßigen Gesundheitsreformen Abhilfe zu schaffen. Gut, vielleicht ist »Reform« nicht ganz das richtige Wort. Man zahlt einfach alles selbst! Die Brille, das Viagra … Wenn man also demnächst jemanden sieht, der mit einer ausgebeulten Hose gegen eine Wand läuft – kann man davon ausgehen, dass er auf die Sehhilfe verzichtet hat, um der Gattin eine gigantische Nacht zu bereiten!

Die bittere Wahrheit ist: Medizin wird immer teurer, und irgendjemand muss das zahlen. Im Augenblick zahlen in erster Linie Ärzte und Patienten. Die Pharmabranche zahlt nicht ganz so viel, verdient dafür aber sehr gut! Obwohl gerade wegen Korruption und Misswirtschaft in der deutschen Pharmaindustrie dem Gesundheitssystem pro Jahr etwa 6 bis 20 Milliarden Euro verloren gehen sollen! Das ist schon erstaunlich – und beunruhigend, wenn man bedenkt, dass osteuropäische Länder wie Bulgarien und Rumänien dafür kritisiert werden, dass sie noch keine EU-Standards erfüllen! Da stellt sich schon die Frage, welche Art von Standards gemeint sind …

Auf die ganz spaßigen Dinge hat die Regierung bei der letzten Gesundheitsreform ja dann doch noch verzichtet. Ursprünglich sollte die Praxisgebühr abgeschafft werden und durch ein Arzteintrittsgeld in Höhe von 5 Euro ersetzt werden. Wären findige Ärzte da nicht in Versuchung geraten, einen Extra-Service einzurichten? Für Hartz-IV-Empfänger gäbe es jeden Dienstag zwischen 17 und 18 Uhr »Happy Hour – zwei Placebos zum Preis von einem!« Ab 8,50 Euro Eintritt erhielte man einen Begrüßungsprosecco (gegen niedrigen Blutdruck), ab 17,80 Euro eine entspannende Nackenmassage dazu (gegen verspannte Nacken). Und ab 75 Euro gäbe es beim Urologen das »Altherren-Spezial«.

Viele Patienten wehren sich auf ihre Weise und fahren ins Ausland – etwa zur Zahnbehandlung nach Tschechien. Die meisten tschechischen Zahnärzte sind daher der Auffassung, dass der »Prager Frühling« jetzt erst richtig losgeht!

Aber auch im Inland versuchen Ärzte durch zusätzliche Leistungen Patienten langfristig an sich zu binden. So wurden etliche Ärzte in Berlin und Brandenburg vor nicht allzu langer Zeit dabei ertappt, dass sie verstorbene Patienten einfach weiterbehandelten! Das sollte man nicht einfach als kriminell abtun – es hat durchaus positive Seiten. Stellen Sie sich einfach mal vor: Sie liegen bereits zwei Meter unter der Erde, aber Ihr Arzt gibt nicht auf! Wenn Sie dann auf dem Friedhof mal eine vermummte Gestalt dabei ertappen, wie sie grade ein frisches Grab mit Spaten und Schaufel traktiert, bitte nicht in Panik geraten! Das ist nur ein Arzt! Der macht gerade einen Hausbesuch!

MONEY-Tipp

Werden Sie Arzt! Als Arzt genießen Sie von allen Berufen immer noch das höchste Ansehen! Da das Einkommen von Ärzten in den letzten Jahren aber tatsächlich stark gesunken ist, eröffnen Sie bloß keine Praxis und gehen erst recht nicht als Arzt an ein Krankenhaus. Schreiben Sie lieber Ratgeber für Ärzte! Mit Titeln wie: »Arzt-Abrechnung optimieren – für Anfänger und Fortgeschrittene!« Oder: »Auf Du und Du mit der Pharmaindustrie – wie man auf Fortbildungen reich wird!« Oder: »Wie man eine Arzt-Demo organisiert!« Auch folgender Titel ist Erfolg versprechend: »Die Gesundheitsreform verstehen!« Sobald Sie einen Bestseller gelandet haben, wechseln Sie in die Führungsspitze der Kassenärztlichen Vereinigung und haben ausgesorgt!

Legalität: 100 Prozent – Als Arzt haben Sie eine unglaubliche Bonität. Außer beim Hausbesuch auf dem Friedhof.
Risiko: 4 Prozent – Einige Ärzte, die auf älteren Windows-Rechnern ihre Bestseller schrieben, endeten mit Wahnvorstellungen und Nervenzusammenbrüchen in der psychiatrischen Notaufnahme.
Chance: 93 Prozent – Wenn Sie als Arzt unterhaltsam schreiben, kann Sie nichts mehr aufhalten. Höchstens die neuen Bestseller anderer Ärzte, die ihr Thema bereits publikumswirksam aufbereitet haben.

 MONEY-Yoga-Übung

Urologie-Asana

Aus Gründen des Anstands muss auf die nähere Beschreibung dieser hochlukrativen Yoga-Stellung verzichtet werden. Nur so viel: Sie benötigen Plastikhandschuhe und einen Partner, der sich ziemlich weit vornüberbeugt!

MONEY-Mantra

»Ich kann doch auch nichts dafür,
dass ich an Ihnen als Kassenpatient nichts verdiene!«

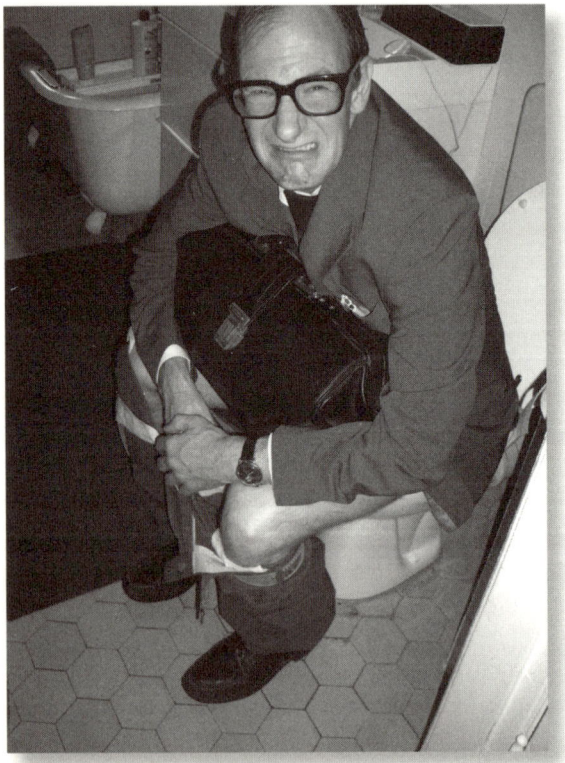

Man kann die Asana auch allein üben. Sie sollten dennoch vermeiden, so fotografiert zu werden!

11.1.

Schaue fern. Erschaudere. Herrlich. *Dschungelcamp*! Nach der guten Erfahrung mit dem Abschieben lästig gewordener Prominenter in den australischen Busch könnte man doch auch einige Politiker mal verschicken. Titel der Sendung: »Holt sie nicht hier raus! Sie sind keine Stars!«

Verwerfe die Idee. Zu gefährlich. Wahrscheinlich klagt uns Australien dann wegen Umweltverschmutzung an! Und wenn alle weg sind, wer macht dann die Drecksarbeit? MR? Erschaudere erneut.

12.1.

Stöbere im Steuerrecht.

§ 33, Abs. 2

[1]Aufwendungen erwachsen dem Steuerpflichtigen zwangsläufig, wenn er sich ihnen aus rechtlichen, tatsächlichen oder sittlichen Gründen nicht entziehen kann und soweit die Aufwendungen den Umständen nach notwendig sind und einen angemessenen Betrag nicht übersteigen. [2]Aufwendungen, die zu den Betriebsausgaben, Werbungskosten oder Sonderausgaben gehören oder unter § 9 Absatz 5 oder § 9c fallen, bleiben dabei außer Betracht; das gilt für Aufwendungen im Sinne des § 10 Absatz 1 Nummer 7 und 9 nur insoweit, als sie als Sonderausgaben abgezogen werden können.

Muss weinen. So viel Schönheit! Allein der Begriff »außergewöhnliche Belastungen!« Wer hat denn das nicht – außergewöhnliche Belastungen? Gibt der Gesetzgeber in seiner Großzügigkeit hier nicht vor, dass wir alle etwas Besonderes sind? Eben außergewöhnlich? Und dass wir deshalb auch in der Lage sind, uns sämtlichen Belastungen zu stellen? Sogar der Gewerbesteuer?

Ob die Bibel auch so schöne Stellen hat?

13.1.

Mein Computer hat sich aufgehängt. Wundere mich. Warum befindet sich im Zentrum des menschlichen Lebens ein Gerät, das alle paar Stunden Selbstmord begeht?

Gerate ins Grübeln.

KAPITEL 15

WIE MAN OHNE MIESE EINE COMPUTERKRISE BEWÄLTIGT

Zum Glück gibt es für gestörte Technik die Hotline. Ha, Hotline! »Hotline« heißt übersetzt so viel wie »Heiße Linie« oder »heißer Draht«! Im Mittelalter war der »heiße Draht« ein Folterinstrument. Und daran hat sich bis heute nicht viel geändert. Nur eins: Im Mittelalter gab es die Folter noch umsonst! Heute zahlt man dafür! Aber es sind nicht nur die Gebühren, die uns ruinieren. Wenn die Telekom meine in Warteschleifen verbrachte Lebenszeit mit einem Stundenlohn entgelten müsste, wäre ich Millionär!

»Warteschleife« – was für ein grässliches Wort! Früher, als die Telefone Wählscheiben hatten, ging man noch in die Kirche, um den Hauch der Ewigkeit zu spüren, heute ist das nicht mehr nötig! Denn heute gibt es Hotlines. Aber auch die Ewigkeit der Warteschleife wäre noch zu ertragen, wäre sie wenigstens stumm, die Warteschleife. Ist sie aber nicht. »Lounge-Musik« heißt der akustische Dreck, den sie dem Delinquenten ins Ohr gießt wie heißes Öl.

Um etwas mehr Geld zu verdienen, lügen Warteschleifen auch gerne mit Füllsätzen wie: »Sie werden bedient, sobald der nächste Mitarbeiter frei ist ...« Was sie nicht so direkt erwähnen, ist die Tatsache, dass genau dieser nächste Mitarbeiter krank ist oder Pause macht oder grade gefeuert wurde. Auf jeden Fall ist er stundenlang nicht frei, der nächste Mitarbeiter. Dann lügt die Warteschleife fröhlich weiter mit: »Damit wir Ihr Anliegen schneller bearbeiten können …« Dieser Ansage folgt eine erbarmungslos lange Liste von Optionen und Unteroptionen, bei der Schnelligkeit gar keine Rolle mehr spielt. Im Gegenteil: wer zu schnell drückt, wird bestraft, indem er sich das Ganze nochmals von vorne anhören muss – inklusive Lounge-Musik!

Das Menü und die Optionen werden überdies in Quizform serviert, damit das TV-konditionierte Publikum aufmerksam bleibt und denkt, dass es am Ende was zu gewinnen gibt: »Haben Sie a) ein Problem mit ihrem Vertrag, so drücken Sie bitte die 1 oder sagen Sie ›Vertrag‹! Haben Sie b) ein technisches Problem, so drücken Sie die 2 oder sagen Sie ›Technik‹! Haben Sie c) ein Problem mit Ihrer Ehe, so drücken Sie die 3 oder sagen Sie ›Scheidung‹!« Und so weiter! Endlich, ganz am Ende dieser endlosen Liste, hört man das Ersehnte: »Möchten Sie einen Mitarbeiter sprechen, so drücken Sie bitte die 247 oder sagen Sie: ›Berater‹!« Und dann sagen Sie …
»… Berater!«

Worauf der Sprachcomputer antwortet … »Entschuldigung – ich konnte Ihre Eingabe nicht verstehen!«

Worauf man eine logopädische Übung durchführt, die jeden Schauspiellehrer stolz machen würde. Das Wort »Berater« wird in sämtlichen Betonungen und Lautstärken ausgesprochen, die einem in den Sinn kommen. Ohne Erfolg. »BeRAter, BeraTER, BErater, BERAAAAATTTEEEER!« Das versteht der Sprachcomputer und antwortet fröhlich: »Sie möchten Ihren Vater sprechen, Augenblick, ich verbinde!«

Irgendwann ist man so frustriert, dass man sich zu einer Handlung hinreißen lässt, die meines Erachtens einen Tiefpunkt zivilisatorischer Entwicklung markiert. Man beginnt, eine vollkommen tote Maschine anzuschreien.

Das ist unweigerlich der Zeitpunkt, an dem am anderen Ende jemand abnimmt. »Telekom, Sie sprechen mit Hodeldihodldihodldihö! (Haben Sie den Namen schon mal verstanden? Ich nicht!) Man gerät dann ins Schleudern, versucht sich zu entschuldigen, sagt vielleicht Dinge wie: »Gott, das tut mir wirklich leid, war nicht so gemeint.« Bloß um zu hören: »Kein Problem, das bin ich von unseren Kunden gewöhnt!«

Es kommt aber durchaus vor, dass die Hotline nicht mehr weiterhelfen kann. Und das wird teuer! Denn dann muss man etwas tun, was so schrecklich ist, so erbarmungslos, dass selbst die ganz Harten unter uns, selbst »Stalingrad-Überlebende«, »Bierflaschen-mit-den-Zähnen-Öffner« und »Samstags-zu-Ikea-Fahrer« nur zögernd und mit großem Bangen zum Telefonhörer greifen. Man muss den Computertechniker holen. Den Computertechniker, auch PC-Doktor genannt. Was natürlich Quatsch ist. Schließlich ist er kein Doktor. Höchstens Heilpraktiker. Meistens nur Medizinmann. Denn er kommt und macht magische Bewegungen. Meist schüttelt er erst mal längere Zeit bedächtig den Kopf. Er macht überhaupt alles bedächtig. Sehr, sehr bedächtig! Der PC-Doktor ist in der Regel so langsam, dass es scheinen will, als sei er eigens gezüchtet, um Wettrennen mit Faultieren zu verlieren! Dazu macht er diese Bedenkenslaute, dieses »Hm, also das sieht ja nicht so gut aus.« Was soll das? Es handelt sich nur um einen Computer, gutes Aussehen ist hier keine relevante Kategorie! Aber der Computertechniker tut immer grad so, als hätte man seinen Computer falsch gefüttert oder nicht regelmäßig gegossen!

Kennen Sie den häufigsten Satz eines Computertechnikers? »Das versteh ich jetzt nicht!« Was soll das? Ich bin derjenige, der es nicht versteht. Deshalb habe ich ihn schließlich geholt! Für 40 Euro die Stunde. Er hingegen sollte das verstehen, schließlich ist er der verdammte Experte! Nach nur wenigen Stunden stellt er eine erste Diagnose: Die lautet: »Hmmm.« Manchmal auch: »Hhhhmmmmmmm.« Oder: »Mhmmm, hmmm.« Das ist Computertechnikersprache und heißt: »Hier gibt es ein Problem.« Der nächste Fachkommentar ist: »Oh, oh!« Was so viel bedeutet wie: »Das Problem ist gravierend!« Zu diesem Zeitpunkt sollte man vorsorglich schon mal die Bank anrufen und über die Aufnahme eines Kredits verhandeln. Aber der Techniker bleibt dran am Problem. Nur 27 Tassen Kaffee und viele Stunden später hört man vielleicht ein abwägendes: »Na ja!« Das wiederum heißt: »Es könnte sein, dass ich weiß, was man machen sollte, aber ich bin mir nicht sicher!«

Einige nervenaufreibende Tage später hat man vielleicht das große Glück, ein verblüfftes »Oih!« zu hören. »Oih« heißt: »Oh, es geht! Ich hab aber doch gar nichts gemacht!«

Karl-Heinz erzählte mir, dass der nächste Mega-Trend die komplette Vernetzung der Menschheit ist:

»Das nennt sich M2M – Machine to Machine! Dann wird der Computer mit dem Kühlschrank kommunizieren, mit der Mikrowelle, der Gefriertruhe und dem Bügelbrett. Ich frage mich manchmal, was der ganze Quatsch soll!? Mein Haushalt ist schon seit Jahren vernetzt! Natürlich! Mein Betriebssystem heißt »Gertie«! Und das ist ein Top-Betriebssystem! Es kann alles, was ein gutes Betriebssystem können muss. Obendrein hat es eine benutzerfreundliche Oberfläche. Und Spracherkennung! Es erkennt sogar Kurzbefehle! MdB – Mach das Bett! GmBH – Geh mal Bier Holen! Ich bin sehr zufrieden!«

Traue seinem Betriebssystem nicht. Karl-Heinz ist nämlich schon länger geschieden!

 **MONEY-Tipp**

Gründen Sie den ultimativen Computerdienst: »Computer für Sie« oder auf neu-deutsch: »Computer4U«. Ausgewählte und unterbezahlte Computerspezialisten im indischen Bangalore erledigen in Ihrer dort angesiedelten Firma den gesamten E-Mail-, eBay-, Facebook- und web-2.0-Datenverkehr Ihrer Kunden! Diese sparen sich Warten, Sehnenscheidenentzündungen und schlecht gelaunte Ehefrauen!

Legalität: 96 Prozent – Vorausgesetzt, Sie haben genug Bakschisch dabei und widerstehen der Versuchung, in Singapur zu versteuern!

Chance: 99 Prozent – Herausragende Erfolgsaussichten ganz im Sinne des abge-wandelten Werbeslogans: »Leben Sie – wir kümmern uns um den Rest!«

Risiko: 47 Prozent – Wer schon einmal in Indien war, weiß, dass die Umsetzung eines Geschäfts dort gerne mal etwas dauern kann. Sie sollten also ein wenig Zeit mitbringen – mehrere Jahrhunderte oder so!

MONEY-Yoga-Übung

Vernetzungs-Asana

Dies ist eine Partner-Übung. Sollten Sie gerade Single sein, suchen Sie eine Person, die Sie einigermaßen anziehend finden. Schauen Sie der bekannten oder unbekannten Person in die Augen. Wow! Augen! Tolle Sache! Ich weiß, die gibt`s auch auf Facebook, aber so ohne Bildschirm sind Augen voll der Ober-Hammer! Machen Sie einen Schritt aufeinander zu und umarmen Sie sich! Fühlen Sie die Vernetzung!

MONEY-Mantra

Zeigt dein Bildschirm wieder »Error«,
Verzichte auf den Technik-Terror!

Eine kreative Variante des Vernetzungs-Asanas – man kann die Quadriga des Brandenburger Tors nachstellen. Ist aber für alle im Bild Gezeigten etwas anstrengender. Außer für den Finanzbeamten!

14.1.

Habe den Computertechniker überlebt. Schierer Wille. Vielleicht sind PC-Doktoren so etwas wie ein Test Gottes. Wer es schafft, diese Menschen nicht zu würgen oder zumindest wüst zu beschimpfen, kommt ohne Umwege ins Paradies! Leide unter den Nachwehen des Computer-Erlebnisses. Unkreative Zeit. Wie erschlagen.

Mittagessen in der Kantine. Scheußlicher Fraß. Dafür günstig. Überraschende Einsicht: Man kann mitten in einer Wohlstandsgesellschaft zwar eine Masse Essen zu sich nehmen, aber trotzdem an Mangelernährung zugrunde gehen. Durch strikte Ernährung in Billig-Gaststätten spart man einerseits viel Geld und ist dadurch andererseits wenig später eine sehr wohlhabende Leiche!

Muss in diesem Zusammenhang an einen Fall denken, der vor ein paar Jahren Schlagzeilen machte – Kannibale frisst Berliner. Einen Berliner! Und ein ganzes Volk fragte entsetzt: Wie tief kann man als Kannibale eigentlich sinken?! Wenn's wenigstens ein Hamburger gewesen wäre! Aber im Zuge der Diskussion um Fleischverträglichkeit hat der Kannibalismus vielleicht wieder eine Zukunft. Welches Fleisch kann man denn noch guten Gewissens essen? Von Rindfleisch kriegt man BSE, von Schweinefleisch Schweinegrippe, Geflügel macht Vogelgrippe oder SARS und Fische sind schwermetallbelastet!

Komischerweise gibt es bei besonders perversen Verbrechen immer haufenweise Nachbarn und Bekannte, die aussagen, dass der Beklagte eigentlich immer ein sehr freundlicher, hilfsbereiter Mensch gewesen sei. Ja, was soll er sonst auch machen? Soll er sich vorstellen mit den Worten: »Hallo, ich bin Kannibale und Sie sind sicherlich mein Abendessen!?«

Warum löste die Tatsache Verwunderung aus, dass Herr Meiwes einmal wöchentlich mit einem Kollegen die Sauna aufsuchte? Als Kannibale will man doch wissen: Wie verhält sich ein Human-Hüftsteak unter Hitzeeinwirkung?

Überlege, wie eine einvernehmliche Schlachtung steuerlich zu beurteilen wäre. Schließlich ist der Mörder gleichzeitig Dienstleister, da er das Tötungsverlangen ausführt. Insofern ist der anschließende Verzehr ein Geschäftsessen! Ob Herr Meiwes das in seiner Steuererklärung angesetzt hat?

Einige Zeit später gab es einen Film: *Rohtenburg*. Der durfte allerdings nicht ins Kino, weil der echte Armin M. seine Persönlichkeit in Gefahr sah. Man könnte argumentieren, dass er vielleicht schon mal früher die Gefahr hätte sehen können, etwa bevor er den Berliner schlachtete (dessen Persönlichkeit übrigens offenbar komplett außer Gefahr ist, da tot).

Das Gerichtsurteil über den Film kam zu einem eigenartigen Zeitpunkt! Zum Höhepunkt der Vogelgrippe, in denen jeder Wellensittich ein potenzieller Mörder ist! In denen die Menschen dermaßen verunsichert über reale Gefahren waren, dass das Ballett *Schwanensee* wegen »Virusverherrlichung« abgesetzt wurde! In denen Chinesen ihren Rügen-Urlaub absagten, weil es dort für sie nix mehr zu essen gab – seit sogar Katzen Vogelgrippe kriegten!

Nun ist Deutschland ein aufgeklärtes Land und es gibt keine Menschenopfer mehr. Also fast. Und die Menschen, die heute noch geopfert werden, werden eher als Kollateralschäden bei »Betriebsverlagerung ins Ausland« geführt.

Andererseits beneiden viele von den Zeugen Jehovas genervte Großstädter den Speiseplan von Südseekannibalen. Da gab's jeden Freitag »christlichen Missionar«! Angesichts immer knapper werdender Nahrungsmittel sowie langen menschlichen Schlachtungswunschlisten im Internet muss man den Kannibalismus eventuell unter einem neuen Licht betrachten! Besonders auch im Zusammenhang mit leeren Rentenkassen!

Und gerade in so einer spannungsgeladenen Zeit ging ein filmisches Kunstwerk verloren, das über alternative Fleischversorgung und interessante Rezepte hätte informieren können. Schade!

17.1.

Die Grünen fordern wieder mal den autofreien Sonntag. Sinniere über die Erderwärmung. Diese entsteht schließlich nicht nur durch Autoabgase – Stickstoffbelastung durch Dünger und Reisanbau trägt ebenfalls dazu bei. Also Schluss mit Phosphaten – organischer Dünger aus Enddarmbeständen muss her. Umweltbewusste kacken direkt aufs Feld! Die Asiaten müssen allerdings von Reis auf Kartoffeln umsteigen – diese Ernährungsumstellung war schließlich auch bei uns der Anfang der Aufklärung.

Methanbildende Kuhpupser muss man unschädlich machen. Entweder durch Katalysatoren am Kuhausgang, kurz Kuhkat, oder durch einen wiederkäuergerecht aufgebrühten, blähungslindernden Fencheltee!

Aber der größte CO_2-Produzent ist der menschliche Atem! Atemzug für Atemzug wird der Luft wichtiger Sauerstoff entzogen und als klimaschädliches CO_2 wieder ausgestoßen! Atemintensive Tätigkeiten müssen daher extra bezahlt werden, etwa durch eine CO_2-Abgabe in Fitnesscentern oder 400 Euro für den jährlichen Laufpass des Joggers. Sauerstoffintensiver Stöhn-Sex wird mit einer Sexsteuer belegt, für zusätzliche CO_2-Produzenten in Form von Säuglingen muss ein Kindergeld entrichtet werden, denn nur ein ausgestorbenes Volk ist CO_2-neutral.

Die CO_2-Spar-Disziplin sollte allerdings auch belohnt werden. Wenn es durch yogische Atemkontrolle gelingt, pro Tag mit einem einzigen Atemzug auszukommen, kann man auch wieder im vierzig-Tonner zur Arbeit fahren!

18.1.

Neue Euro-Krise. Mache mir Sorgen.

19.1.

Kältewelle lässt langsam nach. Nächster Termin mit Dr. Fuhrmann. Sie fragt mich nach meinen Erfahrungen als Kind. Erwidere, dass ich die steuerliche Relevanz dieser Frage nicht verstehe. Sie seufzt und meint, dass sie gerade auf der Suche nach den Wurzeln meiner Neurosen wäre. Stelle die Gegenfrage, ob nicht auch die zwanghafte Suche nach den Neurosen anderer Menschen als Neurose gewertet werden könne und es daher vernünftiger sei, dass sie erst mal ihre eigenen Neurosen beleuchtet, damit meine Neurosen nicht durch ihre verfälscht würden …

Frau Dr. Fuhrmann beendet die Sitzung. Wirkt aber nachdenklich.

20.1.

Habe tatsächlich etwas Archivierung betrieben. Immer noch zu kalt für Volksaufklärung in der Fußgängerzone. Stöbere stattdessen im Steuerrecht.

Im Einkommensteuergesetz § 10b heißt es in Satz 4:

»Überschreitet eine Einzelzuwendung von mindestens 25.565 Euro zur Förderung wissenschaftlicher, mildtätiger oder als besonders förderungswürdig anerkannter kultureller Zwecke diesen Höchstsatz, ist sie im Rahmen der Höchstsätze im Veranlagungszeitraum der Zuwendung im vorangegangenen und in den fünf folgenden Veranlagungszeiträumen abzuziehen …«

Was für ein wunderschöner Satz. Wie großzügig. 25.565 Euro! Brillant! Wenn man 25.565 nämlich durch 5 teilt, erhält man 5.113! Eine Primzahl! Und zufällig die Zahl, die bereits die Sumerer in ihrem Kalender als Jahreszahl für die Ankunft des Paradieses festgelegt haben …

Erschaudere bei dem Gedanken, wie viele transzendentale Anspielungen im Steuerrecht enthalten sind. Vielleicht ist das bürgerliche Steuergesetzbuch in Wirklichkeit das einzige Buch der Welt, das sämtliche Mysterien zahlenmäßig erfasst? So eine Art I Ging oder Nostradamus für Fortgeschrittene? Werde das Frau Fuhrmann bei unserer nächsten Sitzung mal erklären und mit ihr diskutieren …

21.1.

Karl-Heinz fragt, ob er für ein paar Tage zu mir ziehen kann – seine Bude sei so schwer zu beheizen. Frage ihn, warum er seinen Vermieter nicht verklage, wenn der ein so geiziges Schwein sei, dass er seine Wohnungen nicht modernisiert. Karl-Heinz erwidert, dass er genau das im Begriff zu tun war, als ihm einfiel, dass er die Wohnung vor einigen Jahren selbst gekauft hatte.

24.1.

Anstrengendes Wochenende. Karl-Heinz wohnt immer noch bei mir. Musste viele Witze anhören. Beispielsweise den hier:

Kommt ein Taubstummer in eine Bank und legt einen Tannenzapfen und ein Kondom auf den Schalter. Der Bankangestellte guckt, aber kapiert nicht, was der Mann meint.

Er holt seinen Chef, der sofort sagt: »Er meint, dass er bis Weihnachten sein Konto überziehen möchte!«

Zur Erholung wieder in die innere Emigration. Denke über Geld nach: Oft hat sich im Laufe der Jahre der Wert von Geld drastisch verändert. Nach dem Zweiten Weltkrieg waren Zigaretten in Deutschland eine Art Notgeld. Damals konnte man mit einer Packung Zigaretten ein Abendessen in einem Restaurant bezahlen – heute erhält man mit einer Packung Zigaretten im selben Restaurant Hausverbot!

25.1.
Termin bei Dr. Fuhrmann. Diesmal lässt sie nicht locker und will unbedingt über meine Kindheit reden. Ganz normal, antworte ich. Etwas jähzornig.
Mit vier Jahren fragte ich anlässlich des Besuches eines Versicherungsvertreters, wann denn »der Scheißonkel endlich wieder geht«! Schon damals war es schwer, mir schlechte Anlagen zu verkaufen. Dann sprach ich über meine Schulerlebnisse. Einmal fragte mich die Lehrerin: »Wenn auf einem Ast fünf Krähen sitzen und ein Jäger schießt eine davon tot – wie viele Krähen sitzen noch auf dem Ast?« Ich meldete mich und sagte: »Keine. Wenn die anderen vier den Schuss hören, fliegen sie alle weg!«
»Mmh«, sagte die Lehrerin, »war nicht genau das, woran ich dachte, aber mir gefällt deine Denkweise!«
»Darf ich Sie auch was fragen?«, sagte ich daraufhin.
»Nur zu«, erwiderte sie.
»In einer Eisdiele sitzen drei Damen. Eine lutscht ihr Eis, eine schleckt ihr Eis, eine beißt ihr Eis. Welche ist verheiratet?«
Meine Lehrerin errötete und sagte: »Die, die ihr Eis lutscht?«
»Nee«, sagte ich, »die mit dem Ehering. Aber mir gefällt Ihre Denkweise!«
Frau Dr. Fuhrmann gefiel die Denkweise anscheinend auch. Jedenfalls lachte sie. Und da bemerkte ich zum ersten Mal, dass sie eigentlich ein ganz schön hübsches Gesicht hat.

26.1.
Habe schon lange nichts von MR gehört. Mache mir langsam Sorgen. Rufe ihn jedoch nicht an. Bin schließlich immer noch in IE!

27.1.
Auf dem Weg zur Arbeit in einen riesigen, dampfenden Haufen Hundescheiße getreten. Angeblich soll das ja Glück bringen, aber das ist natürlich Blödsinn. Sonst wären ja Berlin-Neukölln und Wedding die glücklichsten Bezirke der Welt!
Hundebesitzer sagen in der Regel, wenn sie denn auf das Problem angesprochen werden, dass sie prinzipiell eine Plastiktüte dabeihätten, mit der sie die Hinterlassenschaft ihres Hundes immer, also wirklich immer, und zwar auch restlos, also, äh … beseitigen. Finde das merkwürdig.
Entweder leiden Hundebesitzer kollektiv unter einer spastischen Lähmung, die sie beim Aufsammeln der Hinterlassenschaften Ihres Hundes permanent danebengreifen lässt, oder das sind die gleichen Typen wie diese jungen Väter, die angeblich noch nie ohne Kondom …!
Gerate ins Grübeln über die Natur des Universums im Allgemeinen und das Verhältnis zwischen Hund und Mensch im Besonderen. Man stelle sich vor, als Außerirdischer auf diesem Planeten zu landen. Man hat keine Ahnung, wie das hier auf Erden so abläuft. Dann erspäht man zwei Kreaturen, von denen der eine dem anderen die Kacke im kleinen Plastikbeutel hinterherträgt …
Welcher von beiden, würde man denken, ist der Boss?

28.1.
Noch immer kein Lebenszeichen von MR. Stelle mir vor, was passiert, wenn ihm irgendetwas zustößt. Da er der Einzige zu sein scheint, der weiß, wohin ich versetzt worden bin und was ich mache, geriete ich dann endgültig zur Karteileiche. Fühle mich tot und deprimiert. Dann ein Anruf von Karl-Heinz, der mich aufheitern soll: »Was ist Beamtenjogging? – 100 Meter in 25 Dienstjahren!«
Bin noch deprimierter. Wenn MR tot ist, sind auch die 100 Meter für mich eine utopische Distanz. Vereinbare einen Termin mit Frau Dr. Fuhrmann. Freiwillig. Himmel, bin ich tief gesunken!

Lese Zeitung. Baut mich allerdings auch nicht auf. Überschrift: »Es wird Blut fließen, viel Blut!« Im dazugehörigen Artikel meint ein berühmter Historiker, dass die Menschen die Krise völlig unterschätzen und sich noch ganz mächtig in die Haare kriegen werden. Folge: Kriege, Verwüstung, Überschwemmungen. Überlege, ob ich einen wasserdichten Atombunker unter mein Haus bauen soll. Verwerfe die Idee. Zwecklos. Habe kein Haus. Wohne zur Miete. Im sechsten Stock! Immer noch deprimiert.

KAPITEL 16

WIE MAN OHNE MIESE SICHER IST

Angst kann Menschen dazu verleiten, völlig unüberlegt die idiotischsten Dinge zu tun. Die meisten Menschen zucken unwillkürlich zusammen, wenn hinter ihnen ein Polizeiwagen mit Martinshorn angerauscht kommt. Unbewusst zählt man schnell die Verbrechen der letzten Jahre zusammen: Bei Rot über die Fußgängerampel, drei Stationen schwarz gefahren, Müll nicht sauber getrennt! Obwohl eine öffentliche Festnahme deswegen relativ unwahrscheinlich ist, versetzt allein der Klang der Sirene das Angstzentrum des Gehirns, die Amygdala, in erhöhte Alarmbereitschaft und führt zu einem Adrenalinausstoß. Ein guter Test dieses Massenphänomens war es übrigens, im Sommer 2005 am Strand von Boltenhagen ganz laut »Tsunami« zu schreien! Obwohl die Wahrscheinlichkeit eines Seebebens in der Ostsee ungefähr so groß ist wie eine generelle Einkommensteuerbefreiung, haben ungefähr 30 Leute panikartig die Flucht ergriffen und mir einen schönen Liegeplatz beschert! Und eine Geldstrafe wegen Erregung öffentlichen Ärgernisses.

Auch unser Innenminister fühlt sich, nein, er fühlt die ganze Gesellschaft bedroht. Daran ist nichts falsch, dazu ist er schließlich da. Damit die anderen sich sicher fühlen, kommt auf die Position des obersten Polizeichefs immer ein ausgewachsener Panikhansel. Einer, der nur auf den »unvermeidlichen Atomschlag« wartet! Um den zu verhindern, will der oberste Staatsschützer gerne das Grundgesetz etwas abschaffen und den Einsatz der Bundeswehr im Inneren erlauben. Eigentlich schon verrückt: Wenn man vor 30 Jahren gegen das Grundgesetz war, gab's Berufsverbot! Heute wird man mit der gleichen Einstellung Innenminister!

Doch Angst ist nur selten ein wirklich guter Ratgeber. Vielleicht sollte man erst mal die Fakten checken, zum Beispiel diese hier: Anzahl der in den letzten zehn Jahren in Deutschland durch Terror ums Leben gekommenen Menschen: Null! Anzahl der im gleichen Zeitraum im Straßenverkehr getöteten Menschen: so um die 50.000! Da muss sich Osama bin Laden auch mal die Frage gefallen lassen, ob seine Strategie wirklich aufgeht! Ginge es ihm wirklich darum, möglichst viele Ungläubige vom Leben in den Tod zu befördern, scheint es ein wenig ineffektiv, mit ein paar frustrierten Jugendlichen heimlich im Hinterhof Bomben zu basteln. Es wäre in dieser Hinsicht wesentlich erfolgreicher, Großaktionär bei Mercedes zu werden, in den ADAC einzutreten und »freie Fahrt für freie Bürger« zu fordern! Wir fühlen uns oft von Dingen bedroht, die bei näherer Betrachtung nicht annähernd so gefährlich sind, wie wir denken. Kleiner Test: Was meinen Sie, welche Tiere in den USA und Kanada für die meisten Todesfälle verantwortlich sind? Haie, Wölfe, Rehe, Bären oder Schlangen? Es sind die Rehe! Die bringen ungefähr siebenmal so viele Menschen um wie alle anderen zusammen!

Jason Zweig liefert in seinem wunderbaren Buch *Gier* weitere Zahlen, die unsere Fehleinschätzung von Gefahren dokumentieren: 310.000, 815.000 und 520.000. Es sind weltweite Zahlen für Menschen, die 2006 entweder durch Mord, Krieg oder Selbstmord ihr Leben verloren. Welche Zahl würden Sie welcher Todesart zuordnen? Erstaunlicherweise sind die 815.000 nicht durch Krieg umgekommen, sondern durch Selbstmord! 520.000 starben durch Mord, und »nur« 310.000 durch Krieg. Sie selbst sind also die größte Gefahr für Ihr Leben! Ist das nicht irre? Ein Spaziergang durch Bagdad ist sicherer als ein Abend allein daheim!

An dieser Stelle vermutete Karl-Heinz, der sich das Manuskript eines Abends gegriffen hatte, dass das weihnachtliche Fernsehprogramm sogar noch mehr Menschen in den Freitod treibt als Rehe und Taliban zusammen. Das ist allerdings bisher wissenschaftlich noch nicht belegt!

Bei all den eingebildeten Gefahren machen unsere Politiker dann gerne mal den Oberkomiker. So auch der ehemalige Verteidigungsminister Franz Josef Jung. Der wollte vor einiger Zeit dringend vermeiden, dass Atomkraftwerke von entführten Linienflugzeugen angegriffen werden und gab daher eine Richtlinie heraus, dass die Bundeswehr entführte Passagiermaschinen abschießen darf. Der Bundesgerichtshof sprach sich allerdings dagegen aus. Jetzt dürfen nur noch die Maschinen abgeschossen werden, die »ausschließlich von Terroristen besetzt« sind. Eine sehr, sehr schwammige Regelung! Was für ein Schicksal bitte schön darf demnach ein Flieger erwarten, der nur mit Volksmusikern besetzt ist? Oder mit »Superstars«?

Unser kollektives Unterbewusstsein muss sich andauernd mit Gefahren auseinandersetzen, die letztlich für den Endverbraucher ziemlich irrelevant sind. Haben Sie in letzter Zeit noch irgendetwas von den tödlichen Gefahren der Schweinegrippe gehört? Oder von SARS? Der Vogelgrippe? Wir leben noch – jedenfalls gehe ich davon aus, wenn Sie diese Zeilen lesen! Rügens Schwäne sind ein wenig dezimiert, aber auch das kann man mittlerweile vernachlässigen. Zu Hoch-Zeiten der Vogelgrippe war die Panik so groß – da musste sogar die Bundeswehr Aufklärungsflüge über der Kreidefelseninsel machen! Stell ich mir auch sehr speziell vor, wenn Tornado-Kampfjets mit vierfacher Schallgeschwindigkeit über die Ostsee donnern und tote Piepmätze finden sollen … Da sind sicherlich spannende Bordkonversationen entstanden: »Mein lieber Leutnant Meyerhuber, war das da unten eben ein toter Schwan?« – »Nee, ich glaub nicht. Das sah eher aus wie Dänemark!«

 **MONEY-Tipp**

Erzeugen Sie Ihren eigenen Angst-Tsunami! Sie können einen wesentlich höheren Preis für Ihre ollen Winterreifen erzielen, wenn alle Panik haben und glauben, dass Winterreifen demnächst noch seltener gehandelt werden als Diamanten. Werfen Sie Flugblätter ab, die vor Winterreifen-Hamsterkäufen warnen. Liefern Sie Hintergründe, zum Beispiel die angespannte Lage im Kongo, wo die weltgrößten Kautschukbestände in die Hände von Rebellen gefallen sind! Das stimmt zwar nicht, aber bis das jemand merkt, sind Sie Ihre Reifen längst für einen sehr guten Preis losgeworden! Wie, Sie glauben nicht, dass das funktioniert? Ach! Wovon, meinen Sie, lebt die Boulevardpresse?

Legalität: 89 Prozent – Lügen sind zwar nicht verboten und in vielen Bereichen des Lebens sogar an der Tagesordnung, dennoch sollten Sie auf grobe Unrichtigkeiten (»Gerhard Schröder hat gefärbte Koteletten!« usw.) verzichten.
Chance: 67 Prozent – Gut, außer Sie wollen Ihre Winterreifen an einen Kongolesen verhökern.
Risiko: 2 Prozent – Nicht besonders risikoreich, aber was kann man bei Winterreifen schon groß erwarten?

 MONEY-Yoga-Stellung

Toter-Mann-Asana
Wenn Sie in nächster Zeit einen Panikanfall kriegen, weil die Aktienkurse einbrechen, ein Krieg im Swat-Tal ausbricht oder nix zum Abendessen im Haus ist, atmen Sie tief durch. Entspannen Sie sich. Und dann rennen Sie so schnell wie möglich in den Keller und werfen sich flach auf den Boden! Das wird Sie zwar auch vor nix bewahren, bringt aber den Kreislauf in Schwung und bewahrt Sie so vor Arteriosklerose, die Sie noch schneller töten könnte als Ihre gefallenen Aktien!

MONEY-Mantra
Gefährlicher, als in Bagdad zocken,
Ist einsam vor der Glotze hocken.

Brüne M. aus B. mit Frau bei der Asana mit dem tollen Namen Toter-Mann. Doll! Ein eilig herbeigerufener Notarzt konnte nur noch feststellen: Absoluter Mittagsschlaf!

31.1.

Karl-Heinz ist noch immer nicht ausgezogen. Behauptet neuerdings, sein Heizöl sei alle, und ich könne doch nicht ernsthaft erwarten, dass er jetzt nachkaufe – bei den Preisen!

Als Advokat eines Reichtum-orientierten Lebens leuchtet mir das ein.

Als Hauptmieter finde ich es indiskutabel!

1.2.

Sehe eine Demonstration. Angestellte eines Postdienstleisters demonstrieren für das Recht, unterhalb des Mindestlohns zu arbeiten.

Denke darüber nach. Warum nicht? Schließlich wird alles billiger, seit man Flachbildschirme zu Schleuderpreisen nachgeschmissen bekommt! Da ist es nur konsequent, wenn der Arbeitnehmer sich mal kritisch die Frage stellt: Wozu brauch ich eigentlich die ganze Kohle? Da liegt dann am Monatsende sinnloses Geld auf dem Konto und gammelt vor sich hin. Und jeder kennt diese Gammelgeld-

Skandale – Menschen, die auf einmal reich sind, sich in ihren Villen verirren und tagelang nicht rausfinden, weil in jedem Zimmer ein gering bekleidetes Model aus der Ukraine lauert! Grauenhaft! Also nix wie auf die Straße und der Konkurrenz von der Deutschen Post mit den sittenwidrigen Löhnen von 11,20 Euro pro Stunde mal die rote Karte zeigen!

Nun gibt es vielleicht den einen oder anderen Arbeitgeber, den es aufhorchen lässt, wenn seine Belegschaft der Ansicht ist, dass ihre Arbeit eigentlich gar nicht so viel wert ist! Aber man möchte eben als reicher Unternehmer nicht unnötig auffallen und die Mehrheit kritisieren.

So ist das neue, schicke Recht auf Armut! Nur Ewiggestrige prahlen mit »Mein Haus, mein Auto, meine Frau!« Trendsetter und Hartz-IV-Aussteiger beeindrucken mit »Meine Brücke, mein Schlafkarton, meine Weinflasche!«

Wie viele Milliardäre gibt es denn schon in Deutschland? Gerade mal 122! Wer will schon zu einer verfolgten Minderheit gehören? Und jede Demo für weniger Geld hilft am anderen Ende der sozialen Skala einem Gammelgeld-Benachteiligten über die Tausend-millionen-Grenze. Beschließe, den Benachteiligten zu helfen – werde bei der nächsten Demo für mehr Milliardäre mitmarschieren!

 ## MONEY-Tipp

Organisieren Sie Billiglohn-Demos! Engagieren Sie für ein paar Euro Arbeitslose, die entsprechende Plakate schwenken und Protestmärsche machen. Studieren Sie Sprechchöre mit ihnen ein:

**»Wir wollen hier auch Billiglohn,
die Polen haben ihn ja schon!«**
oder
**»Wir sind hier, weil der Job gefällt,
wir wollen Arbeit und kein Geld!«**
Gerade Unternehmer, die kurz vor Tarifverhandlungen mit der Gewerkschaft stehen, werden Ihre Geschäftsidee »Billiglohn-Demos« schätzen und gut bezahlen!

2.2.

Nicht mehr deprimiert. Bloß verärgert. Heute bereits vor dem Frühstück Opfer von Karl-Heinz' Witz-Attacke geworden:

»Wenn du Butter willst, schicke Milch auf den Dienstweg …«

Trinke meinen Kaffee schwarz!!
Trotz stabiler psychischer Lage Termin bei Dr. Fuhrmann. Mist. Sie will bei der Aufarbeitung meiner Jugend weitermachen. Erkläre, dass ich ein sehr rebellischer Jugendlicher war. Als meine Tante mir ein Eis kaufen wollte (da war ich sechs Jahre alt), habe ich sie angeschrien: »Das geht dich einen Scheißdreck an!« Werde wütend, wenn ich daran denke.
»Sehr schön«, sagt sie. »Das klingt nach einer unaufgearbeiteten Analphase!«
»Das geht dich einen Scheißdreck an!«, schreie ich. Sie zuckt zusammen, ich entschuldige mich. Es ist nicht meine Art, Menschen vor der Zeit zu duzen. Bin allerdings der Meinung, dass sie auch mal was über ihre Kindheit erzählen sollte. Schließlich kann die Therapie nur Erfolg haben, wenn zwischen uns ein Vertrauensverhältnis besteht.
Sie errötet, was mich komischerweise freut. Sie sieht nämlich auch ganz hübsch aus, wenn sie errötet. Dann erzählt sie, dass sie eine ganz normale Kindheit hatte, aber sich ihrem Vater nicht so richtig nah fühlte, und nach der Scheidung ihrer Eltern …
»Aha«, sage ich. »Das klingt nach …«
»Ich habe die Oralphase aufgearbeitet«, wirft sie schnell ein.
»Das meinte ich nicht, ich meinte, dass es nach einer verstärkten Armutsgefahr durch Alleinerziehung klingt!«
Sie wird traurig und erzählt mir, dass ihre Mutter sich dann ewig lange mit ihrem Vater gestritten und immer ganz wenig Geld gehabt habe. Und dann übe ich mit ihr ein Geld-Mantra. Ich hatte es nicht geplant. Es kam einfach so. Meine Fußgängerzonenerfahrungen kamen mir zugute. Gemeinsam singen wir:
»Jeder Cent, den du nicht hast, gehört jemand anderem. Und das ist auch irgendwie doof!« 108 Mal. Sie gibt zu, dass es irgendwie idiotisch ist, wirkt aber irgendwie gelöst. Meine Mission kommt an.

3.2.

Im Finanzamt allerdings kommt meine Mission nicht so gut an. Heute Besuch von einem mir unbekannten Beamten. Mitten in der Bakterien-Asana, die ich heute zur Steigerung im Einbeinstand durchgeführt habe! Falle vor Schreck um, reiße den Aktenschrank nieder, der dem mir unbekannten Beamten auf den Kopf fällt. Arbeit von zwei Wochen perdu. Der Unbekannte flucht laut. Ich auch. Er stellt sich als Krempelmann vor und sei da, um Müller-Rangsdorff zu ersetzen. Frage, was mit Müller-Rangsdorff los sei. Burn-out! MR hat einen Burn-out! Fasse es nicht. Burn-out in der Behörde!

Karl-Heinz, den ich später anrufe, wiegelt ab. MR habe wahrscheinlich einfach nur eine Überdosis genommen.

»Eine Überdosis wovon?«, frage ich.

»Filterkaffee!«

Krempelmann war nach der Sache mit dem Aktenschrank einigermaßen übellaunig und fragt, wann die Archivierung fertig sei. Das hinge von den weiteren Perspektiven ab, erwidere ich etwas spitzzüngig. Er hätte ja am eigenen Leib erfahren, wie katastrophal die Sicherheitslage wäre. Für einen Finanzbeamten sei mein Büro weitaus gefährlicher als ein Bauernhof am Fuße des isländischen Aschevulkans Eyjafjallajökull!

Mein neuer Vorgesetzter wird pampig. Was ich denn mit einer so üblen Grimasse auf einem Bein tun würde. Erwidere, dass ich versuche, Paradoxien des Steuergesetzes aufzudecken, kann aber sehen, dass er mir nicht glaubt. Schlimmer noch, ich bekomme eine Frist gesetzt. »Frist wofür?«, wage ich zu fragen. »Drei Monate für die Gesamtarchivierung!«, schreit er. Sorge mich um Krempelmanns Blutdruck. Er macht eindeutig nicht genug ausgleichendes Finanzyoga!

4.2.

Karl-Heinz hat einen Teil seiner Möbel zu mir geholt. Mich beschleicht eine böse Ahnung.

Leiste mir noch einen letzten Tag in der IE, bevor ich an meine Aschenputteltätigkeit gehe. Wo bleiben eigentlich die hilfreichen Tauben aus dem Märchen? Arbeite an meinem Werk.

KAPITEL 17

WIE MAN SICH OHNE MIESE WOHLTÄTIG FÜHLT

Es gibt sehr viel Not in der Welt. Und damit sind jetzt nicht nur das Nachmittagsfernsehen, die Liebesnöte von B-Promis oder die Steuererklärung gemeint. Ich meine echte Not, Not, die es zu lindern gilt. Hunger, soziale Benachteiligung, Krankheit, Naturkatastrophen, solche Sachen. Gott sei Dank gibt es jemanden, der sich darum kümmert. Außer Gott, meine ich, der auch ohne diesen Quatsch genug zu tun hat.
Ich meine Sie. Sie kümmern sich darum. Und zwar sofort. Indem Sie etwas spenden!

Gutes tun ist ein fester Bestandteil unserer Gesellschaftsordnung. Zugegeben, Sie müssten sehr viel weniger Gutes tun, wenn diese Gesellschaftsordnung etwas gerechter wäre und alle Menschen irgendwie genug hätten, aber wir wollen unsere wenige Zeit nicht auf Sozialutopien verschwenden, die wir schon zu Abiturszeiten erfolglos durchgekaut haben. Die Welt ist ungerecht, und wenn Sie Gutes tun, lindern Sie die Not. Ein wenig wenigstens. Aus dieser Einsicht ist eine Industrie entstanden, die im Jahr 2008 allein in den USA etwa 307 Milliarden Dollar einspielte! Der Bundeshaushalt der Bundesrepublik Deutschland beträgt für das Jahr 2011 gerade mal 321 Milliarden Euro (das entspricht etwa 440 Milliarden Dollar)! Gelänge es der FDP, die US-Bürger zu bewegen, diese Summe dem Not leidenden deutschen Staat zu spenden, würden nach den dann möglichen Steuersenkungen selbst reiche Schweizer Bürger zwecks Steueroptimierung ihren Erstwohnsitz nach Bielefeld verlegen!

Der gleiche Effekt könnte ebenfalls erzielt werden, wenn die Bundesbürger ihr Spendenaufkommen von noch nicht mal einer einzigen lumpigen Milliarde Euro auf das Hundertfache steigern würden. Oder 200 Milliarden Euro Schwarzgeld aus der Schweiz abholen und die Steuern nachzahlen würden. Aber da das Spendenaufkommen mit dem schnellen Anstieg der Staatsverschuldung nicht mithalten kann, sind die Chancen dafür schlecht.

Trotzdem reichen sie locker aus, um einer ganzen Armada von professionellen Spendeneintreibern ein sehr gemütliches Leben zu ermöglichen. Der Vorsitzende der Treberhilfe kümmerte sich in Berlin um Obdachlose. Obdachlose, das weiß jeder, sind eine illustre Abenteuer-Klientel, die »Open-Air-City-Living« praktizieren. Die muss man entsprechend repräsentieren: Sportlich, rasant, etwas gefährlich. Mit mindestens 400 PS. Am besten mit einem Maserati Quattroporte für etwa 114.000 Euro! Da war es natürlich logisch, dass der Chef der Treberhilfe sich so ein Auto als Firmenwagen zulegte. Wenn jemand mit einem derartigen Schlitten vorfährt, kann man gar nicht anders, als sofort Kohle für Obdachlose rauszurücken. Weil man spontan kombiniert: »Bei so einem Auto – da kann er sich unmöglich auch noch 'ne Wohnung leisten!«

Erheblich besser, als Spender zu sein, ist es also, SPENDENSAMMLER zu sein! Da hat man nicht nur ein gutes Gewissen und Pluspunkte im Jenseits, sondern darüber hinaus ein fettes Konto. So wie die Vorsitzende des Vereins Kinder in Not« e. V., Heidrun Sch. und ihr Sohn Carsten, die über Jahre etwa 90 Prozent des Spendenaufkommens für eigene Zwecke sammelten, um ein konkretes Beispiel zu nennen. Warum auch nicht? Sind wir nicht alle irgendwie Kinder in Not geblieben? Sie schafften es auf diese Weise, etwa 5 Millionen Euro zu hinterziehen. Als das aufflog, wurden sie zu einer Bewährungsstrafe und einer Geldstrafe von 170.000 Euro verurteilt! Bitter. Diese Strafe vernichtete einen kleinen Teil der geklauten

Zinsen. Aber nur die Zinsen eines einzelnen Jahres! Gott sei Dank! Und den Kindern in Not sei auch Dank! Heidrun Sch. und ihr Sohn handelten durchaus sinnvoll – wäre das Geld an die Kinder gegangen, hätten die ja keine Not mehr. Dann wäre der Verein sinnlos geworden und Frau Sch. und ihr Sohn arbeitslos mit all den bekannten Folgen. Sozialer Absturz, Hartz IV, Depression. Dann hätte man einen neuen Verein gründen müssen. »Heidrun Sch. in Not e. V.« Und wer hätte sich dann um die Kinder gekümmert?

Natürlich muss man ein eigenes Charity-Unternehmen sorgfältig planen. Der Verein »Banker am Rande des Ruins e. V.« ist eventuell einigen Spendern nicht so wahnsinnig gut vermittelbar. Außer, der Spender heißt »Bundesrepublik Deutschland«, klar! Auch der Verein »Hilfe für hungernde Rüstungsfabrikanten« würde vermutlich nur wenig freiwilliges Spendenaufkommen erzielen. Höchstens Spenden vom Staat. Was jedoch nicht zu verachten ist.

Um Almosen vom Staat zu erhalten, muss man nur mit dem Verlust von Arbeitsplätzen drohen! Das kann man aber erst machen, wenn Ihr Wohltätigkeitsunternehmen gut läuft und mehr als 17.000 Angestellte hat. Nehmen wir mal an, Ihre spezielle Wohltätigkeit besteht in einem Unternehmen, das Bauwerke herstellt, die den Menschen helfen sollen, ihrem Leben wieder einen Sinn zu geben. Eine große Mehrzweckarena etwa in Köln, in der dann Eishockey stattfinden kann oder Konzerte. Wenn Sie während des Baus in eine finanzielle Schieflage geraten, weil Sie im Grunde von Anfang an größenwahnsinnig waren, drohen Sie einfach mit dem Verlust von sämtlichen 17.000 Arbeitsplätzen, und schon spendet Ihnen der Staat Hunderte von Millionen! Vorausgesetzt, Sie heißen Holzmann!

Sie fragen sich nun, was Sie tun könnten, damit Sie die nötigen Spenden bekommen, um so gut zu leben? Nun, es gibt Charity-Projekte, die einfach immer funktionieren. Eins ist »Kinder« (in Not, in Krankheit, in Hunger, am Aussterben usw.). Ein anderes ist »Tiere« (in Not, in Krankheit, in Hunger, am Aussterben). Am besten kombiniert man die Hits der

Wohltätigkeit. Da »tierische Kinder« nicht ganz so gut funktioniert wie »Kinder-Tiere«, sollte Ihr Verein beispielsweise »Wimmernde Welpen e. V.« heißen!

Vermehrt taucht dieser Tage eine andere, subtilere Form der Wohltätigkeit auf. Vor einiger Zeit stand ich im Supermarkt vor den Windeln und erfuhr, dass ich mit dem Kauf einer Packung Pampers eine Tetanus-Impfung in Afrika finanziere! Donnerlüttchen! Das fand ich toll. Da hab ich vor lauter Begeisterung gleich zehn gekauft, obwohl ich eigentlich keinen direkten Babywindel-Bedarf habe. Dafür freuen sich jetzt zehn Kinder in Afrika! Vielleicht hätten die sich noch mehr über die schicken Windeln gefreut, aber die liegen nun halt bei mir! Etwas nutzlos, aber wenn die Kinder groß sind, kommen sie vielleicht persönlich vorbei und holen sich die Dinger ab! Dann kriegen sie sogar noch ein paar wimmernde Welpen dazu. (Äh nee, macht ja keinen Sinn. Dann brauchen die ja auch keine Windeln mehr.)

Sozialmarketing oder neudeutsch Cause Related Marketing nennt sich diese Strategie, die zunehmend schicker wird: Volvic finanziert Brunnen in Äthiopien, Ritter Sport kauft Schulmaterial für afrikanische Kinder, Krombacher rettet den Regenwald. Gerade im Fall Krombacher ist das reizvoll. Man kann sich jetzt nicht nur den Sex-Partner schönsaufen, sondern auch das Wetter: Klimasaufen statt Komasaufen! Ein Bekannter von mir wollte vor ein paar Jahren Ernst machen und durch persönlichen Bier-Einsatz eine Regenwald-Fläche in der Größe Deutschlands retten. Jetzt hat er eine Leberzirrhose, merkt das aber nicht so, weil er meistens singend Auto fährt! Kritiker behaupten zwar, dass man mit einer 10-Euro-Direktspende für den WWF etwa 250 Kästen Krombacher-Bier sparen könnte, aber diese Konjunktur- und Spaßbremsen möchte man auf keiner Party sehen!

MONEY-Tipp

Sobald Ihr Wohltätigkeitsprojekt »Wimmernde Welpen« ein Kassenschlager ist, steigen Sie ganz groß ins Sozialmarketing ein. Sie produzieren Panzer für alle Länder, die nachweislich nur ihre Grenzen schützen wollen. Anschließend unterstützen Sie mit jedem verkauften »Plattmacher 4« (so heißt Ihr Produkt) den Frieden! Denn 10 Prozent des Erlöses geht an die hauseigene Stiftung »Tanks for Peace!«. Also die Summen, die nach Ihrem Gehalt und den Gehältern für Ihre angestellte Familie und den Firmenwagen (ein Maybach, man muss schließlich zeigen, dass Frieden sich lohnt!) übrig bleiben. Sollten die Gespräche scheitern, liefern Sie den »Plattmacher 4« an beide Parteien, weil Sie erstens unparteiisch sind und zweitens die Kohle für die nächste Friedensrunde irgendwie reinspielen müssen!

Legalität: 92 Prozent – Niemand kann Sie daran hindern, wimmernden Welpen zu helfen. Wie die eingesammelten Gelder verwendet werden, entscheiden allein Sie! Leider gibt es zunehmend Miesmacher, die erfolgreichen Geschäftsleuten den Erfolg nicht gönnen und pingelig genau wissen wollen, wofür das Geld verwendet wird. Für das Rüstungsgeschäft und insbesondere für Verkäufe in Krisenländer braucht man überdies die Zustimmung der Regierung. Das erfordert viel Fingerspitzengefühl und Bargeld!

Chance: 77 Prozent – Wie bei so vielen Geschäften mit hohem Risiko sind die Aussichten ausgesprochen rosig und extrem lukrativ … Wenn man die Risiken, Miesmacher, Kontrollettis, geltungssüchtige Sozialisten etc. in den Griff bekommt!

Risiko: 83 Prozent – Wie gesagt, es gibt die eine oder andere Falle. Um diese zu umgehen, hilft es, Not leidende griechische Bestechungsexperten, äh, Public Relation Manager zu engagieren. Und den »Wach- und Schleppdienst Bukarest«!

Plattmacher-Asana

Eine Partner-Übung. Werfen Sie sich auf ihn oder sie. Machen Sie ihn oder sie platt. Atmen Sie zusammen. Hat er oder sie es nicht so richtig genossen? Probieren Sie es noch mal! Lassen Sie ihn oder sie zwischendurch mal mit dem Maybach fahren.

Dann verzeiht er bzw. sie Ihnen alles. Vielleicht. Ansonsten werfen Sie sich noch mal auf ihn bzw. sie! Dieses Mal nicht atmen!

MONEY-Mantra
Panzer für den Frieden –
Geld für meine Lieben!

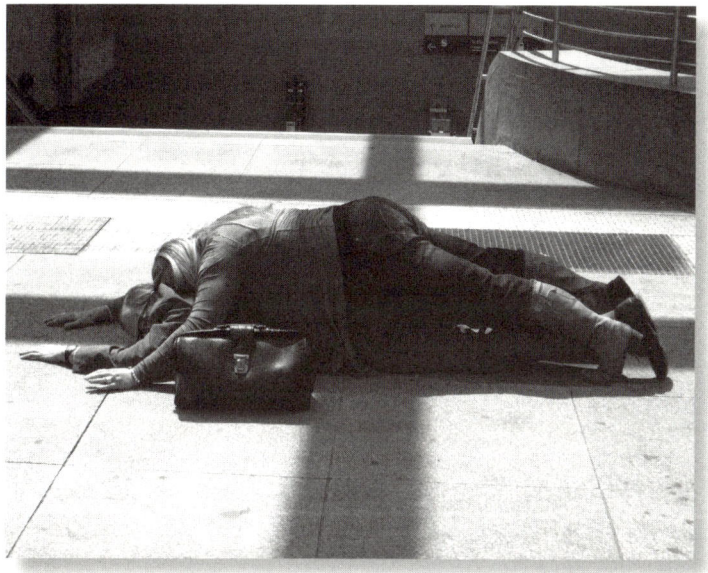

Corey O. demonstriert auf eindrucksvolle Art und Weise die Plattmacher-Asana! Kurz bevor Treiber und sie wegen Erregung öffentlichen Ärgernisses verhaftet werden.

7.2.

Beende meine innere Emigration feierlich mit einigen Gedanken über die Historie meines Lieblingsthemas: Geld.

Ursprünglich war Geld in erster Linie Edelmetall und existierte als Münzgeld. Aber auch Münzen kann man fälschen. Die ersten Fälscher waren interessanterweise die da ganz oben. Die Landesfürsten! Im 16. Jahrhundert hatten sie das Münzprivileg und verkauften es an private Subunternehmer. Eine frühe Form von PPP – Public

Private Partnership! Die Subunternehmer zahlten einen Festpreis und begannen dann die vollwertigen Münzen auszuwiegen, »wippen« genannt, und anschließend an den Rändern zu beschneiden. Das nannte man »kippen«. Diese kastrierten Münzen wurden dann möglichst weit weg wieder in Umlauf gebracht. Das generierte eine ziemliche Inflation! Aber bis die Leute merkten, dass sie minderwertige bzw. wertlose Münzen in der Hand hielten, dauerte es eine Weile. Und solange machten einige Betrüger prächtige Profite. Erkennen Sie das System? Kettenbrief! Oder Subprime-Kredit (Ramschhypotheken-Kredit)!

So ändern sich die Zeiten. Früher hieß es Kipper und Wipper und wurde von den Landesfürsten angestoßen, heute heißt es Hypo-Alpe-Adria-Krise der Bayern LB und wird wieder von den Landesfürsten angestoßen!

Als meine Überlegungen so weit gediehen sind, klingelt das Telefon. Ein Anruf von Krempelmann. Quasi stellvertretend für den Landesfürsten. Wie die Archivierung vorangehe? Er meint es anscheinend ernst. Seufze und beginne zu arbeiten.

8.2.

Termin bei Dr. Fuhrmann. Freue mich diesmal sogar. Sie lächelt, als sie mich sieht. Ob sie sich auch freut? Mich streift der Gedanke, dass Frauen eine frappierende Ähnlichkeit mit Steuererklärungen haben: Beide sind voller Geheimnisse und so gut wie undurchdringlich! Hüte mich, meine Beobachtung zu äußern!

Stattdessen ergreife ich die Initiative und halte Frau Doktor einen kleinen Vortrag über die Psychologie des Geldes.

9.2.

Obwohl ich den ganzen Tag wie ein Sklave schufte und die verdammten Akten archiviere, fühle ich mich seltsam wohl. Hat es etwas damit zu tun, dass Frau Dr. Fuhrmann merkwürdig lange meine Hand hielt, nachdem ich gestern meinen Vortrag gehalten und mich verabschieden wollte? Hatte einen ganz trockenen Hals und keine Ahnung, was ich sagen sollte.

»Auf Wiedersehen«, sagte ich schließlich.

Mist. So was von einfallslos!

Hätte sagen sollen: »Diese Hand zu halten ist die Vorstufe zum Paradies!« Oder so. Ist mir aber erst später eingefallen.

10.2.
Ganze Nacht darüber nachgedacht. »Diese Hand zu halten ist die Vorstufe zum Paradies!« Was für ein idiotischer Satz. Ein Glück, dass ich »Auf Wiedersehen!« gesagt habe.

11.2.
Zu spät zum Dienst. Weil Stromrechnung erhalten. Daraufhin hat die Bank mein Konto gesperrt. Will gleichzeitig Razzia bei E.ON, EnBW, RWE und Vattenfall machen wegen illegaler Preisabsprachen. Wird von Krempelmann und dem Ministerium untersagt. Man dürfe nicht die einzige Koalition zerstören, die in diesem Land noch funktioniert! Außerdem hätten auch Politiker Angst vor dem Altern! Wo sollen denn Werner Müller, Wolfgang Clement, Alfred Tacke, Gerhard Schröder, Joschka Fischer, Rezzo Schlauch und Genossen später arbeiten, wenn sie keine Aufsichtsratsposten bei RWE & Co. mehr kriegen?

13.2.
Verdacht hat sich bestätigt: Karl-Heinz ist Mietnomade! Scheußlich. Besitzt überhaupt keine Wohnung, ist immer nur auf der Flucht. Verspricht aber, zu gehen, sobald er »eine Möglichkeit sieht«. Da das genau der Satz ist, den die Regierung immer von sich gibt, wenn die Steuern eigentlich gesenkt werden sollen, entspannt er mich in keiner Weise!
Karl-Heinz versucht mich mit einem Beamtenwitz zu beruhigen:

»Auf einem Tisch liegt ein 100-Euro-Schein. Am Tisch sitzen der Weihnachtsmann, der Osterhase, ein schneller Beamter und ein langsamer Beamte. Wer bekommt den Hunderter?
Der langsame Beamte!
Denn den Weihnachtsmann, den Osterhasen und den schnellen Beamten gibt es nicht.«

Kann nicht lachen.

14.2.
Katastrophe passiert. Anruf von Krempelmann – warum ich in psychologischer Betreuung sei? Murmele etwas von Zwangsmaßnahmen seitens MR. »Verstehe«, meint Krempelmann. »Die Behandlungen sind ab jetzt gestrichen.«
Erst als ich den Hörer auflege, wird mir klar, was das bedeutet – nie mehr Dr. Fuhrmann sehen! Nie wieder! Bin konsterniert. Weiß nicht, ob ich das überlebe.

15.2.
Weiß es jetzt: Ich überlebe es nicht. Muss sie wiedersehen. Bin ich verliebt? Oder nur manisch? Suche Antworten im Steuergesetzbuch. Finde folgenden Paragrafen:

§ 7
Bei abnutzbaren beweglichen und unbeweglichen Wirtschaftsgütern des Anlagevermögens, bei denen die Voraussetzungen des Absatzes 2 vorliegen und die nach dem 31. Dezember 1974 und vor dem 1. Januar 1991 angeschafft oder hergestellt worden sind, können abweichend von § 7 im Wirtschaftsjahr der Anschaffung oder Herstellung bis zu 60 Prozent und in den folgenden Wirtschaftsjahren bis zur vollen Absetzung jeweils bis zu 10 Prozent der Anschaffungs- oder Herstellungskosten abgesetzt werden. Nicht in Anspruch genommene erhöhte Absetzungen können nachgeholt werden.

Weiter heißt es in Satz 4:
(4) Die Absätze 1 bis 3 sind auf nach dem 31. Dezember 1974 und vor dem 1. Januar 1991 entstehende nachträgliche Herstellungskosten bei Wirtschaftsgütern, die dem Umweltschutz dienen und die vor dem 1. Januar 1975 angeschafft oder hergestellt worden sind, mit der Maßgabe entsprechend anzuwenden, dass im Wirtschaftsjahr der Fertigstellung der nachträglichen Herstellungsarbeiten erhöhte Absetzungen bis zur vollen Höhe der nachträglichen Herstellungskosten vorgenommen werden können.

Überlege, ob Dr. Fuhrmann dem Umweltschutz dient. Das ist eindeutig der Fall! Es geht um den Schutz der Umwelt! Meine Umwelt!

Weiß jetzt, dass ich sie absetzen könnte. Will ich aber nicht. Will sie höchstens ansetzen. Ganz nah an mich dran! Aber wie? Recherchiere im Netz – zum Teufel mit der Archivierung!

16.2.
Bin fündig geworden. Fasse den Entschluss, Pick-up-Artist zu werden!

KAPITEL 18

WIE MAN OHNE MIESE EINE FRAU AUFREISST

Irgendwo aufgepickt! (Achtung kompliziert, nur in nüchternem Zustand und auch dann SEHR LANGSAM lesen!!!) Dies ist ein ganzheitliches Buch. Darum geht es natürlich nicht nur um finanziellen Reichtum. Zum Reichtum gehört noch viel mehr. Gesundheit. Glück. Klar. Und für viele Menschen auch eine glückliche Beziehung. Und die, die nicht an eine glückliche Beziehung glauben, heiraten eben. Oder auch nicht. Es ist kein Geheimnis, dass in den städtischen Single-Gesellschaften auch der Reichtum und die Auswahl an temporären Partnern immer wichtiger werden.

Wobei die meisten Singles laut Untersuchungen ein sehr viel erbärmlicheres Sex-Leben haben als in Partnerschaft lebende Menschen. Aber es gibt Abhilfe. Wenn man erst mal das »Game« kapiert und ein »Target« ausgemacht hat, zieht man als PUA an jedem AFC, KJ oder an jeder anderen Sackratte cool vorbei, eröffnet das Set, meist in einem BC, etabliert Rapport durch kongruentes Pacing, approached den NC, durchbricht den BS, entweder durch DHV, Cold Reading oder 101, bis das HB10 endlich EC macht. Dann eskaliert man zum next level, geht über KINO zum KC, wartet auf den DDB und finished mit einem Lay!

Es handelt sich bei obigem Absatz übrigens nicht um eine beginnende Psychose, sondern um das, was man den »Gamer-Talk« von Pick-up-Artists nennt! Ein Pick-up-Artist, kurz PUA, ist jemand, den man früher schlicht »Frauenaufreißer« nannte. Aber dieser Tage hat das Ganze ein schickes neues, sehr amerikanisches Kostüm erhalten: Eine fast militärisch anmutende Erfolgsstrategie, mit der du fast jede rumkriegst! Das »Game« ist das zwischengeschlechtliche Spiel der Anziehung. Ein »Target« ist ein Ziel, in diesem Fall eine Frau, meist natürlich ein HB10, ein Hot Babe gehobenen Grades, die man als PUA, als Pick-up-Artist, im Gegensatz zu einem AFC (Average Frustrated Champ, Abkürzung für »normal frustriertes Weichei«), einem KJ (Key Jockey, einem, der viele Beiträge in Foren verfasst und blöde Fragen stellt) oder einer anderen Sackratte haben kann! Indem man sie intelligent anmacht, also das »Set« (die Frau) eventuell sogar in einem BC, also einem Boot Camp (Disco oder Ähnliches), anspricht und sie möglichst einfühlsam anwärmt, das heißt Rapport herstellt, um dann ihre Telefonnummer rauszukriegen, also NC, Number Close zu machen.

Früher nannte man das noch »Rumschleimen mit Niveau«, heute heißt es »toughe Strategie«. Die braucht man auch, denn viele Hot Babes haben sich angewöhnt, auf die viele Anmache erst mal kühl zu reagieren, sie haben sich also einen Bitch Shield (»Zickenpanzer«) zugelegt. Den gilt es zu überwinden, entweder durch DHV, also Display High Value (hohen Wert darstellen, etwa indem man den DJ persönlich kennt, oder den Barmann oder King Kong!) oder durch ein »Cold Reading«. Das heißt, so zu tun, als würde man ihre Hand lesen oder ihre Sterne deuten oder am Grunde eines Caipirinha-Glases die Zukunft lesen. Ohne, dass man auch nur den blassesten Schimmer hat, wovon man redet. Es steht also für die hohe Kunst des Dampfplauderns! Sollte das nicht funktionieren, muss man wie im Krieg die Strategie wechseln. Also 101! Als er so weit gekommen war, schaute Karl-Heinz mich erstaunt an:

»101?«

Ja, das ist ein bisschen wie Push and Pull!

»Wie bitte?«

Ein wenig anfüttern, sich zurückziehen, wieder anfüttern. Bis sie endlich IOI macht. Indicator of Interest! Und EC. Eye Contact!

»Warum kann man nicht sagen: Man lässt sie zappeln, bis sie sich an einen ranschmeißt?«

»Das wäre uncool.«

Uncool ist das Letzte, was du in dieser Szene sein möchtest. Man muss schon die richtige Sprache sprechen, um ein PUA zu werden. Schließlich macht man auch KINO, also kinästhetische Fühlbewegungen, bis sie den DDB gibt, den Doggy-Dinner-Bowl-Blick, den »Gib-mir-mein-Abendessen-Herrchen-Blick«, der den KC einleitet, den Kiss Close (Abschlecken und Knutschen), gefolgt von dem, worum es von Anfang an ging: dem Lay!

Heute braucht man eben für alles eine Strategie. Das wirklich Erstaunliche jedoch ist, dass die gleichen Leute, die für jeden Flirt eine derart ausgefeilte Strategie parat haben, meist überhaupt keinen Plan haben, was die Sauberkeit ihrer eigenen Wohnung angeht.

Das wäre ein wirklich evolutionärer Erfolg: Männer, die das Cleaning ihres Lairs, also ihres Nestes, als Challenge begreifen! Ich sehe schon das Coaching vor mir: »Okay, Guys, beim PC (Pissoir Cleaning) kann ich keine SMMs (Scheuermilch-Memmen) gebrauchen, alles klar? Ich brauche echte PCGs (Pissoir Cleaning Gurus) oder von mir aus auch PCA (Pissoir Cleaning Artists), Typen, die sich eben nicht zu schade sind, auch mal eine BS (Besen-Schieberei) zu machen, oder ein AR (Ajax-Rocking), die direkt für den DC (Dirt Close) gehen! Wenn du dich mit deiner ganzen authentischen Ehrlichkeit reingibst, mit deinem ganzen Herzblut und deinem Feeling als echter CC (Cleaning Champion), dann wird auch dein Nest, dein Lair, dein Liebeshort so SC (superclean) sein, dass dein HBCW (Hot Babe Cleaning Woman) keinen Stroke (Herzinfarkt) kriegt, wenn sie mal zufällig reinschneit!«

 **MONEY-Tipp**

Werden Sie ein Pick-up-Guru! Wenn Sie keinen Bock auf die krampfhafte Aufrei-
ßerei haben, engagieren Sie sich ein paar weibliche Testimonials (Zeugenaussagen
von Ex-Freundinnen, die Sie nicht komplett bescheuert fanden). Legen Sie sich den
entsprechenden Slang zu. Kreieren Sie eine Legende über sich. Veranstalten Sie Se-
minare. Machen Sie diese teurer als alle anderen Pick-up-Seminare – schließlich
sind Sie und Ihre Kurse etwas Einzigartiges, Besonderes!
Bei Ihnen gibt es nicht nur Strategien fürs Frauen-Aufreißen, sondern auch fürs
Putzen (TC – Top-Cleaning), fürs Einkaufen (ESE – Ecstatic Shopping Experience),
fürs Masturbieren (GW – Gods of Wanking), einfach für alles. Sie sind »Mr. Strate-
gy« und machen Schluss mit dem ganzen planlosen Vor-sich-Hinleben-und-alles-
dem-Zufall-Überlassen! Und wenn diese ganzen Sackratten das Selbst-Bepisse
nicht alleine begreifen, müssen sie das KS (Klugscheißen) eben von Ihnen lernen!
Für sehr viel SC (Smiling Cash)!

Legalität: 100 Prozent – Klugscheißen – Come on! Wenn jemals etwas legal war,
dann das!
Chance: 79 Prozent – Sicher, die Konkurrenz schläft nicht. Oder eben doch. Aber
dann bitte schön am besten mit Ihnen!
Risiko: 16 Prozent – Das Hauptrisiko ist einfach zu viel Spaß. Oder das eine oder
andere vergessene Kondom. Die eine oder andere Schwangerschaft. Die eine oder
andere schlecht gelaunte Ex-Freundin. Aber Sie können sich halt nicht um alles
kümmern. Schließlich wartet Nicolette. Oder hieß sie Karin?

 MONEY-Yoga-Stellung

Pick-up-Asana

Spreizen Sie die Beine zu einem sehr breiten Stand. Lassen Sie
die Zehen leicht nach außen zeigen. Atmen Sie aus und bewegen Sie ihren Hintern (ja, den Hintern, Mann) langsam
Richtung Boden. Halten Sie Ihren Oberkörper dabei gerade
und bewegen Sie die Arme langsam nach unten und nach vorne, als wollten Sie etwas aufheben. Vielleicht ein HB (schon
vergessen? Ein Hot Babe!) Üben Sie das Ganze noch mal mit

50 Kilogramm Gewicht, und um realistisch zu bleiben, auch noch mal mit einem Gewicht von 75 Kilogramm! Spüren Sie die Schmerzen im Rücken? Jetzt nehmen Sie stattdessen einen Besen. Na, geht's leichter?

MONEY-Mantra
Mit Pick-up machst du Extrakasse
Als Aufreißer der Extraklasse!

Sehr schön ausgeführt, alle drei Teilnehmer der Übung lernten noch am gleichen Tag einen attraktiven Menschen kennen. Treiber lernte nur sich selbst etwas näher kennen, und fand es schön, mit jemand ins Bett zu gehen, dem er besonders vertraut! Herr Bruno F. aus B. konnte seine guten Vorsätze leider nicht in die Tat umsetzen, da er aufgrund einer desaströsen Körperhaltung Rückenschmerzen entwickelte!

17.2.
Bin jetzt PUA – ein echter Pick-up-Artist. Habe nach hektischer Archivierung früh Feierabend gemacht und beobachte mein »Target«. Ziehe mich hastig hinter eine Litfaßsäule zurück, als ich sehe,

wie Dr. Fuhrmann ihre Praxis verlässt. Endlich wieder eine Fahndung!

Sehe Dr. Fuhrmann, oder wie ich sie innerlich bereits nenne: Elisabeth, zum ersten Mal ohne weißen Kittel.

Kriege kaum noch Luft. Sie ist ein HB10 – ein Hot Babe der obersten Kategorie.

Muss mein Inner Game auf die Reihe kriegen. Im Augenblick sind sämtliche Körperfunktionen in einem Zustand, der verdächtig der Legislative der Republik ähnelt – komplettes Chaos. Selbst die Knie werden weich.

Zwinge meinen nur widerstrebend gehorchenden Körper, Frau Fuhrmann, äh, Elisabeth, ach verdammt, ich will sie Lizzy nennen, in gebührender Entfernung zu verfolgen. Weiß, dass ich laut PUA-Lehre eigentlich in den ersten drei Sekunden Kontakt aufnehmen muss. Aber drei Sekunden ab wann? Ab der ersten Sichtung? Dem ersten Blickkontakt? Dem ersten Geschlechtsverkehr?

Ziehe das Einkommensteuergesetz zu Hilfe. Hoffe auf Erleuchtung. Dort heißt es:

§ 6b, Abs. 10
Steuerpflichtige, die keine Körperschaften, Personenvereinigungen oder Vermögensmassen sind, können Gewinne aus der Veräußerung von Anteilen an Kapitalgesellschaften bis zu einem Betrag von 500.000 Euro auf die im Wirtschaftsjahr der Veräußerung oder in den folgenden zwei Wirtschaftsjahren angeschafften Anteile an Kapitalgesellschaften oder angeschafften oder hergestellten abnutzbaren beweglichen Wirtschaftsgüter oder auf die im Wirtschaftsjahr der Veräußerung oder in den folgenden vier Wirtschaftsjahren angeschafften oder hergestellten Gebäude nach Maßgabe der Sätze 2 bis 10 übertragen.

Weigere mich, Lizzy als abnutzbares bewegliches Wirtschaftsgut zu betrachten. Werde dem Finanzministerium einen wütenden Brief schreiben – außerdem ist sie viel mehr wert als kümmerliche 500.000 Euro! Eine Veräußerung ist ebenfalls nicht geplant. Beschließe, dass Lizzy steuerlich zurzeit nicht relevant ist und dass …

Bei meiner Träumerei hätte ich das »Target« fast aus den Augen verloren. Sie geht im Supermarkt einkaufen. Dieser Supermarkt ist mein »Boot Camp«, obwohl es äußerlich betrachtet eher ein REWE ist. Jetzt oder nie. Gott sei Dank funktionieren meine Knie wieder einigermaßen. Am Kühlregal wird mir allerdings wieder unvermutet heiß. Sie steht davor und dreht sich plötzlich um. Fühle mich mit einem Schlag außer Gefecht gesetzt, Mund trocken, kein Wort kommt raus, jetzt Kontakt machen, Kontakt, Kontakt …

»Oh, hallo Herr von Treiber!«, sagt sie und lächelt. »Das ist aber schön, Sie zu sehen!«

Gut, der Kontakt ist hergestellt. Ist ja egal, wer anfängt. Jetzt pfiffige Antwort, irgendwas …

Nichts. Gehirn wie leergefegt. Noch nicht mal die ersten 212 Steuerarten fallen mir ein.

»Sie haben ja gar keine weiteren Termine mehr gemacht.« Wieder sie.

»Äh, das stimmt, ja, wegen Krempelmann …« Nicht besonders brillant, aber immerhin. Der Kehlkopf-Stimmapparat funktioniert zumindest wieder.

»War die Therapie denn erfolgreich?« Wieder dieses Lächeln. Sie macht mich verrückt. Denke an die Pick-up-Artist-Regeln. Jetzt geht es um Rapport herstellen und das Target in den Bewegungen zu spiegeln.

Ich lächle ebenfalls und streiche mir den nicht vorhandenen Rock glatt. Idiotisch, aber wenn es hilft, den NC, Number Close zu machen, also die Telefonnummer zu bekommen …

»Oh ja, aber ich hab da noch ein paar Fragen – würden Sie mir Ihre Telefonnummer geben?«, sage ich und könnte mich ohrfeigen ob so viel Plumpheit.

»Die haben Sie doch bereits!«

Stimmt. Der NC ist erfolgreich durchgeführt, Target auf der Zielgeraden, jetzt nur noch etwas EC, Eye Contact, also in die Augen schauen, Kopf hoch und in die Augen schauen …

Unmöglich. Knie versagen, Nackenmuskeln außer Gefecht, das ganze System so durcheinander wie die Steuererklärung eines Bau-Unternehmers.

»Ich ruf Sie an!«, krieg ich grad noch raus, bevor mein Körper mich wider meinen Willen aus dem Supermarkt katapultiert.

18.2.

Deprimiert. Archiviere lustlos. Fühle mich als Versager. Brauche Hilfe. Rufe Karl-Heinz an. Mann, muss ich verzweifelt sein. Hilfe bei einem chronisch beziehungsunfähigen machomäßigen Mietnomaden zu suchen!

Karl-Heinz versucht, hilfreich zu sein.

»Neulich fragte mich meine Lebensabschnittspartnerin Gertie, eine ziemliche Zicke, was ich denn auf ihren Grabstein schreiben würde, wenn sie stürbe.

Ich sagte: ›Vermutlich: Hier liegt Gertie: Kalt – wie immer! Was würdest du denn auf meinen Grabstein schreiben?‹

Da sagte sie: ›Hier liegt Karl-Heinz: Steif – endlich mal!‹«

Hahaha!

Was hatte ich erwartet?

Suche Trost bei meinen Geld-Mantren. Verfasse ein Kapitel über benachteiligte Kreaturen, noch während ich am Telefon mit Karl-Heinz hänge. Diskutiere es auch gleich mit ihm durch.

KAPITEL 19

WIE MAN MIT AMEISEN DURCH DIE KRISE KOMMT

Der Weg zum Reichtum führt oftmals über die Beseitigung von unnützen Illusionen!

»Weißt du zum Beispiel, welches Tier im Verhältnis zum Körpergewicht das größte Gehirn hat?«, fragte ich neulich Karl-Heinz.

Er zögert etwas.

»Keine Ahnung. Elefanten, Schweine, Delfine?«

»Nein. Es ist die Ameise! Die Ameise hat im Verhältnis zum Körpergewicht das größte Gehirn! Ihr Gehirn wiegt 6 Prozent ihres Körpergewichts. Ein Mensch mit einem ähnlich riesigen Hirn bräuchte einen dreimal so großen Kopf, wie wir ihn haben!«

»Mensch, was man damit alles anstellen könnte!«(Der Idiot weiß nicht, dass er wie die meisten Menschen nur 7 Prozent seiner Kapazität nutzt. Was will er mit noch mehr Gehirn? Aber weiter:)

»Ameisen sind uns ansonsten aber ähnlicher, als wir denken. Und nicht nur, weil ihre Königin ein dickes Hinterteil hat! Sie leben in Staaten zusammen, sind perfekt durchorganisiert, züchten Pilze, halten sich Herden von Blattläusen als Haustiere, lassen Kinder arbeiten und halten Sklaven. Ameisen verwenden chemische Sprays, um Feinde abzuschrecken, sie haben Armeen, führen Kriege und tauschen pausenlos Informationen aus. Sie tun einfach alles – außer Samstagabend *Wetten, dass ..?* gucken! Ameisen sind überdies extrem frauenfreundlich – die Männchen sterben nach dem Geschlechtsakt ab und verwandeln sich in einen proteinhaltigen Dinner-Snack!

Ameisen errichten auch erstaunliche, architektonisch und statisch perfekt austarierte Bauten. Die Masse aller Ameisen zusammen genommen ist größer als die Masse aller zusammenaddierten Menschen! Irre: Es ist also durchaus möglich, mit viel Biomasse auf diesem Planeten zu existieren, ohne unangenehm aufzufallen!

Im Gegensatz zum Menschen sind Ameisen allerdings derart sozial, dass sie ohne die Gruppe oder außerhalb ihres Staates überhaupt nicht überleben können. Die DVD *Robinson Crusoe* fände in Ameisenkolonien also keine Abnehmer.

Es gibt Ameisen in Sibirien, die bei minus 40 Grad überwintern können. Sie fallen dann in eine Art Kältestarre.«

»Aber das ist nicht so wahnsinnig besonders. Eine Kältestarre können auch die meisten unangenehmen Chefs verursachen!«

Karl-Heinz hat recht. Denke mit Frösteln an Krempelmann und meine nicht verrichtete Archivierung.

Ameisen können das Zehnfache ihres Körpergewichts tragen! Als menschliche Lagerarbeiter wären sie mit dieser Fähigkeit Millionär! Die größte bekannte Ameisenkolonie erstreckt sich über 5760 Kilometer entlang der Küste der italienischen Riviera bis in den Nordwesten Spaniens und besteht aus mehreren Millionen Nestern mit mehreren Milliarden Individuen! Vermutlich die einzige Megalopolis in Südeuropa ohne Haushaltsprobleme und Müll-Infarkt!«

Karl-Heinz wird unruhig.

»Warum soll ich diese zweifelsohne unterhaltsamen Anekdoten über Ameisen erfahren?«

»Geduld. Denn das Erstaunlichste an den Ameisen ist ihr Gehirn! Forscher sind sich nicht sicher, wie Ameisen mit ihrem nur 0,3 Milligramm leichten Gehirn so viele Informationen verarbeiten können. Vermutlich nutzen sie es einfach effektiver als Menschen. Denn das menschliche Gehirn kann immer nur maximal 3 Prozent seiner Masse gleichzeitig laufen lassen. Sonst läuft es heiß. So eine geschlossene Schädeldecke führt anscheinend zu Belüftungsproblemen!

Ameisen haben ein fotografisches Gedächtnis und können sich Besonderheiten der Landschaft merken. Sie funktionieren da anscheinend ähnlich wie Frauen im Winterschlussverkauf.

Denn ohne jetzt irgendwie sexistisch werden zu wollen, müssen wir feststellen, dass sich das weibliche vom männlichen Gehirn gravierend unterscheidet. Das menschliche Gehirn hat zwei Arten von Geweben. Die graue Masse und die weiße Masse.«

»Masse? Ich kenne genügend Leute, bei deren Gehirn der Begriff ›Masse‹ eine grobe Lüge ist! Weiße und graue Minderheiten wäre zutreffender!«

»Stimmt. Quotenregelung! In unseren Hirnen regelt die graue Masse oder Materie die tatsächliche Informationsverarbeitung, sie ist quasi der Prozessor des Gehirns, während die weiße Materie aus einem Fett-Protein-Gemisch namens Myzelien besteht, das die einzelnen Teile der grauen Materie miteinander und mit dem Rest des Körpers verbindet. Gehirnscans an Frauen und Männern mit gleichem IQ haben jetzt ergeben, dass Männer etwa sechsmal so viel graue Materie wie Frauen haben.«

»Ganz schön traurig. Männer brauchen also mehr PS, um die gleiche Leistung zu erbringen?«, fragt Karl-Heinz.

»Nicht ganz, denn Frauen haben bis zu zehnmal mehr weiße Materie als Männer!«, erkläre ich.

»Moment mal, da fehlt doch was. Wenn Männer nur sechsmal so viel graue Materie haben, und Frauen zehnmal so viel weiße, dann fehlen den Männern etwa vier Gehirnteile!«, wundert sich mein kluger Freund.

»Die meisten Frauen sagen, dass es sogar noch viel mehr sind!«, entgegne ich wahrheitsgemäß.

»Die weiße Masse bei den Frauen sitzt in hoher Konzentration im Frontallappen, von dem man annimmt, dass er der Sitz für emotionale Intelligenz und Urteilsvermögen ist. Die bessere Vernetzung in diesem Bereich könnte verdeutlichen, warum Frauen in der Regel gefühlvoller reagieren!«

»Aha. Das erklärt, warum Gertie vor Kurzem die ganze Küche kurz und klein geschlagen hat!«

Genau. Emotionale Intelligenz hält die Porzellanindustrie im Geschäft! Ich fasse zusammen: Das menschliche Gehirn läuft zwar immer nur auf 3 Prozent, nutzt dafür aber alle Bereiche irgendwann mal. Und es hat mehr Verknüpfungsmöglichkeiten, als es Atome im ganzen Universum gibt! Es gibt also durchaus noch Hoffnung fürs Samstagabend-Fernsehprogramm!

»Und jetzt stell dir einmal vor, was Menschen leisten könnten, wenn sie ihr Gehirn so effektiv nützten wie Ameisen!«, gebe ich Karl-Heinz zur Aufgabe.

MONEY-Tipp

Bieten Sie Kurse an. Nach dem ganzen Hype ums innere Kind helfen Sie den Menschen, etwas wirklich Sinnvolles zu entdecken – die innere Ameise! Mögliche Kursnamen: »Ant yourself«, »Die Ameisen-Strategie« etc. Oder »A Mei Se« als die Wiederentdeckung der alten japanischen Kunst der menschlichen Verkleinerung, quasi die Erschaffung von Bonsai-Menschlein für den Hausgebrauch. Coachen Sie Topmanager in der Ameisen-Strategie zur Schaffung funktionierender Hierarchien. Kopieren Sie die Giftrezepte der Ameisen und verkaufen Sie sie der Pharmazie als Rheumaheilmittel. Genießen Sie Ihren Reichtum!

Legalität: 100 Prozent – Solange Sie ein Gewerbe anmelden!
Chance: 93 Prozent – Die Ameisen-Strategie – wenn Sie diesen Titel schon klauen, sollten Sie mich aber bitte schön erwähnen.
Risiko: 8 Prozent – Und auch das nur, wenn die Ameisen aus Plagiatsgründen die Vorratskammer invasieren!

 MONEY-Yoga-Stellung

Ameisen-Asana

Begeben Sie sich auf alle viere. Kriechen Sie auf dem Boden herum wie eine Ameise. Stellen Sie sich vor, dass Sie noch vier zusätzliche Extremitäten haben … und was Sie damit alles anstellen könnten, etwa beim Liebesspiel! Dann stellen Sie sich vor, dass Sie nach ebendiesem getötet und gegessen werden. Freuen Sie sich, dass Sie keine Ameise sind! Atmen Sie tief durch!

MONEY-Mantra

(Pluralis ameisis wegen Kreativitätsüberschuss)
Ich wünscht, ich wär 'ne Meise-A,
Dann wär der Reichtum mir ganz nah.

Annika A. versäumte es leider, bei der Ameisen-Asana einen Vierfüßlerstand einzunehmen. Die von ihr geforderte Gehaltserhöhung wurde abgelehnt, trotz einer beeindruckenden, aber leider völlig sinnlosen Yoga-Stellung, die Treiber niemals in der Form propagierte.

19.2.

Habe PC gemacht. Phone Contact. Frau Fuhrmann angerufen und sie nach anfänglichem Rumstottern auf einen Drink eingeladen. Erst sagt sie, dass sie sich mit Klienten nicht trifft.
Dann sagt sie trotzdem Ja und trifft mich im *Petit Chouchou!*

20.2.
So muss sich der Himmel anfühlen. Erfolg auf der ganzen Linie!
Mann, bin ich ein toller PUA! Im *Chouchou* sofort DHV gemacht.
Also Display High Value, zu Deutsch: Meinen hohen Stellenwert de-
monstrieren! Etwa, indem ich den Barmann kenne. Also stelle ich
ihr den Barmann vor: »Das hier ist Jack, Lizzy!«
»Also eigentlich heiß ich Eberhard«, meint der Barmann.
»Also eigentlich heiß ich Elisabeth«, meint Frau Fuhrmann. »Seit
wann duzen wir einander?«
Mist. Hier wird mein ganzes Talent als PUA gefragt sein.
»Darf ich als der eindeutig Hässlichere Ihnen das Du antragen, Frau
Elisabeth Fuhrmann?«
»Solange ich nicht Lizzy heißen muss!«
»Elisabeth«, ich werde feierlich – »ich heiße Siegmund!«
Gut, das wär schon mal ausgebügelt. Bleibt noch der Barmann.
»Jack ist nur sein Künstlername. Er ist einer der besten Barmänner
dieser Stadt!«, erkläre ich Elisabeth leicht entschuldigend.
»Also eigentlich der Beste«, lacht Eberhard. »Laut Prinz und allen
anderen Stadtmagazinen!«
Ich erhöhe geistig schon mal schmerzhaft das Trinkgeld und zerre
Elisabeth an einen Tisch in der Ecke. Dort erkläre ich ihr neueste
psychologische Erkenntnisse und lade sie anschließend zu mir
nach Hause ein, um dort in aller Ruhe einige finanzielle Asanas
auszuprobieren …

21.2.
Archiv-Gulag. Beim stupiden Aktenschleppen schmückt ein Lächeln mein Gesicht. Wenn ich nicht an sie denke, dann denke
ich – zwar nur kurz zwischendurch – an mein Zweitlieblingsthema:
Geld …
An dieser Stelle reißt mich das Telefon aus meinen Gedanken. Elisabeth! Sie will mich sehen!

22.2.
Finde in Elisabeth eine kompetente Gesprächspartnerin, die allerdings chronisch pleite ist: Kaufsüchtig! Dafür teilt sie meinen Widerwillen gegen wesentliche Teile des Fernsehprogramms!

KAPITEL 20

WIE MAN OHNE MIESE TV-QUOTE ERZEUGT

Um Elisabeth von ihrer Kaufsucht abzulenken, halte ich ihr eines Abends einen Vortrag über die Finanzaussichten im Fernsehen.

»Wusstest du, dass Menschen, die viel fernsehen, tendenziell unglücklicher sind als solche, die wenig oder nie fernsehen?«, frage ich sie.

»Dafür merken die, die viel gucken, kaum was von ihrem Unglück! Und der Gottschalk wirkt auch immer ganz fröhlich!«, kommentiert sie.

»Der guckt ja auch nichts, der macht Fernsehen! Trotz tendenziell sinkender Zuschauerzahlen kann man durchs Fernsehen immer noch sehr reich werden, wenn man den Massengeschmack trifft.«

»Zum Beispiel als Superstar!«

»Eine weitverbreitete Illusion! Wenn man es als Superstar nicht superclever anstellt (und superclevere Superstars gibt es ebenso wenige wie heterosexuelle Choreografen), hat man mit Glück das Gehalt eines Discount-Supermarkt-Abteilungsleiters«, sinniere ich.

»Dafür hat man aber ein paar tolle Autogrammkarten mit dem Logo eines Fernsehsenders drauf!« Für eine diplomierte Akademikerin konnte sie manchmal erfrischend untypisch sein.

Das hilft aber auch nur den Menschen, die permanent ihren Namen googeln müssen, um festzustellen, dass sie noch leben! Zumal Superstars jederzeit kündbar sind, wenn die nächste Staffel anläuft.

Das wirklich Faszinierende an unserer schönen, neuen Gesangs-Superstar-Welt ist jedoch, dass man jetzt nicht mal mehr das Singen einigermaßen beherrschen muss. Um einen Status als Superstar zu erringen, reicht eine gewisse Begabung beim Schneidern! Oder Haareschneiden oder beim Tierepflegen! Ganz Superstar-verdächtig kann es auch sein, als einer dieser bulimiekranken Kleiderständer durch die Gegend zu laufen! Oder als Koch! Aaah, Köche …

Um das zu veranschaulichen, reicht ein Blick in das Fernsehprogramm. In jeder beliebigen Woche springt dem Unterhaltungssuchenden eine Vielzahl von Sendungen ins Auge, die sich den kulinarischen Künsten widmen. Die Begeisterung für diese Art von Unterhaltung ist doppelt dubios, weil gleichzeitig immer weniger Deutsche selbst kochen.

Um meine These zu veranschaulichen, unternehme ich einen kleinen Streifzug durch das kulinarische Fernsehprogramm einer einzigen Woche. Hier die Ausbeute:

Schuhbecks; *Alfredissimo*; *Jamies Kitchen*; *Hensslers Küche*; *Nigellas Leckerbissen*; *Koch-Kunst mit Vincent Klink*; *Polettos Kochschule*; *Sass – die Kochshow*; *Lafer! Lichter! Lecker!*; *Lafer: Einfach kochen* …

»Entschuldigung«, fragt Elisabeth, »ist Lafer so eine Art Marktführer auf dem Segment?«

Eindeutig, aber es geht noch weiter:

Ganz und gar; *Unter Volldampf*; *Gesunde Küche*; *Das perfekte Dinner*; *Das perfekte Promi-Dinner*; *Schlemmerreise*; *Culinarium*; *Born to Cook*; *Silent Cooking*; *Hessen à la carte*; *Himmel und Erde*; *Küche im Südwesten*; *Essen und Trinken*; *Besser Essen*; *Hausgemacht TV*; *Rach, der Restauranttester*; *Einsatz am Herd*; *Hausbesuch*; *Das ARD-Buffet*; *Fast Food Duell*; *Genießer-Quiz*; *Mein Restaurant*; *Hering, Thunfisch und Co.*; *Kochüberfall*; *Die Kochprofis*; *Koch doch*; *Kochgeschichten*; *Kerner kocht*; *Kochduell*; *Kocharena*; *Frisch gekocht*!

Man hat den Eindruck, als würde nur noch gekocht.

Ich behaupte: »Jeder, der in unserem Land schon mal einen Promi bekocht hat, bekommt auch seine eigene Kochshow! Wahrscheinlich gipfelt das irgendwann darin, dass Kannibale Armin Meiwes mit einer eigenen Gourmetsendung reüssiert: ›Berliner Geschnetzeltes – Rezepte ums Menschliche!‹«

»Nanana! Ist das nicht etwas übertrieben?« Ihre Skepsis grenzt an Naivität. Frauen sind süß.

»Vielleicht«, antworte ich. Denn das Fernsehprogramm besteht schließlich nicht nur aus Kochsendungen. Es gibt auch die zahlreichen Sendungen mit Sozialstatus, beispielsweise die, die sich um das Wohl unserer kleinen Freunde kümmern. Also: *Tierisch, tierisch; Tierisch Kölsch; Zeit für Tiere; Expeditionen ins Tierreich; Felix und die wilden Tiere; Wildes Kinderzimmer; Tiermagazin; Abenteuer Zoo; Hund, Katze Maus; Nashorn, Zebra & Co.; Eisbär, Affe & Co.; Giraffe, Erdmännchen & Co.; Elefant, Tiger & Co.; Seehund, Puma & Co.; Panda, Gorilla & Co.; Pinguin, Löwe & Co.; Ostsee-Schnauzen; Ruhrpott-Schnauzen!*

Diese Sendungen behandeln zentrale Themen des Lebens: Wie zeige ich meiner Boa constrictor, wie man sich schuppt? Wie pirsche ich mit meinem Baby-Elefanten durch eine Haute-Couture-Boutique? Das Tragische daran ist, dass ich mittlerweile aufgrund des technischen Fortschritts nicht mehr in der Lage bin, an meinem Auto eine einfache Zündkerze auszuwechseln, aber den Fußpilz eines Zwergkängurus operiere ich ohne Narkose! Die Faszination mit Tiersendungen fand in diesem Knut-Hype seinen Höhepunkt. Knut, oder vielmehr »Knuuuuuuuuhhhhhht, ist der süüüüüüüüüüüüüß, Knut!!!!!«

»Der war aber wirklich sehr niedlich, dieser kleine Eisbär!«

Klar, dass sie ein Herz für kleine Tiere mit großen Augen haben würde. »Nein, der ist nicht süß, das ist ein Raubtier! Von dem sogar seine Mutter sagte: ›Nee, den erzieh ich nicht.‹ Tierschützer forderten sofort, Knut müsse eingeschläfert werden, weil er nicht artgerecht aufwachse. Doch wenn wir in diesem Land anfangen, jeden einzuschläfern, der nicht artgerecht aufwächst … dann wären die Straßen der meisten europäischen Innenstädte nachts vermutlich verdammt leer!«

Stille! Und dann höre ich verzagt Elisabeths Stimme:

»Aber es gibt im Fernsehen doch nicht nur Koch- und Tier-programme!« Natürlich nicht! Es gibt auch Sendungen für Menschen, die sich dafür interessieren, was in der Welt wirk-lich vor sich geht: *Life*; *Taff*; *Red*; *Hallo Deutschland*; *Leute heute*; *Brisant*; *Exklusiv*; *Explosiv*; *Menschen – das Magazin*; *ZDF Royal*; *Boulevard Bayern*; *Klatsch und Tratsch*; *Café Trend*; *Prominent*!

Kein Wunder, dass die Leute verwirrt werden und irgend-wann denken, dass Boris Becker mit Maybritt Illner groß bei der Telekom einsteigt und demnächst von Madonna adoptiert wird, weil er einer der wenigen Menschen ist, die intellektuell mit einem malawischen Kleinkind mithalten können! Koch-sendungen, Tiersendungen und Promisendungen. *Bauer sucht Frau*, *Dschungelcamp*, *Deutschland sucht den Superstar*... Dieter Bohlen, RTL und *BILD* regieren faktisch unsere Welt. Ist dies die Rache Honeckers? Über zwei Dekaden nach dem Ende der DDR haben wir endlich die »Diktatur des Proletariats«!

 **MONEY-Tipp**

Werden Sie Quotenkönig. Sie müssen einfach nur die quotenträchtigen Bestand-teile kombinieren: Prominenz, Kochen, Tierfilm. Anders gesagt: Johannes B. Kerner lädt Alfons Schuhbeck ein, der Eisbär Knut grillt! »Die Knut-Koch-Show!« wird Sie zum Millionär machen. Wenn Knut alle ist, nehmen Sie Flocke oder ein anderes prominentes Vieh! Sicherlich wird Ihre Sendung nicht nur Zustimmung erfahren – aber die viele schlechte Presse bringt in erster Linie eins: Noch mehr Quote!

Legalität: 4 Prozent – Geschützte Tiere zu kochen kann zu Haftstrafen führen. Mildernde Umstände bringt Ihnen nur Ihr Stargericht: »Knut grillée avec une sauce de Flocke et legumes sautés an Burgunderquark«!

Risiko: 78 Prozent – Etliche Sponsoren könnten sich gegen Ihr Konzept ent-scheiden. Nur zwei werden fest an Ihrer Seite stehen: »Wild und Hund!« sowie die »National Rifle Association« aus den USA! Aber die bringen im Gegensatz zu den Greenpeace-Hungerleidern auch richtig Asche mit!

Chance: 94 Prozent – Das ganze Land wird zuschauen. Vielleicht etwas angeekelt, aber Sie sind ja auch nicht angetreten, um Kunst zu machen.

 MONEY-Yoga-Stellung

Knut-Asana

Gehen Sie auf alle viere. Dann strecken Sie die Knie, die Arme strecken Sie weit nach vorne aus und lassen die Wirbelsäule durchhängen. Atmen Sie tief ein und aus. Im traditionellen Yoga bezeichnet man diese Stellung auch als »Hund«. Aber der Eisbär bringt Ihnen in diesem Fall eindeutig mehr Geld!

MONEY-Mantra

Damit mein Konto wieder gut,
Tranchier ich einfach fix den Knut!

23.2.

Lese Zeitung. Sozialausgaben erneut in der Kritik. Dabei heißt es ja immer, Hartz IV sei nicht so schlimm. Über Hartz IV verdiene ein Arbeitsloser mit Frau und zwei Kindern fast genauso beschissen wenig wie ein Tischler mit Frau und zwei Kindern. Aber geht das nicht völlig am Problem vorbei?

Woran krankt denn das Land? Es krankt an der Binnennachfrage, keiner haut mehr Kohle raus. Jetzt kann natürlich der Tischler ruhig wenig Geld verdienen, weil der ja Arbeit hat und bei der zunehmenden Arbeit sowieso keine Zeit mehr, um Geld auszugeben. Ganz anders der Arbeitslose. Würde es der Konjunktur nicht mehr helfen, wenn jeder Arbeitslose im Monat 4000 Euro netto erhält, aber am Monatsende nachweisen muss, dass er die Kohle auch lückenlos rausgehauen hat? Zur Überprüfung ruft das Arbeitsamt morgens um 10 Uhr an und fragt nach, ob er seiner Konsumentenpflicht schon in Not leidenden deutschen Kaufhäusern (wie etwa Karstadt) nachgeht?

Das wird natürlich nicht passieren, denn »Hartz-Bashing« ist dieser Tage schick, und einige Politiker haben ein Hobby daraus gemacht, Hartz-Empfängern »spätrömische Dekadenz« sowie »anstrengungslosen Wohlstand« vorzuwerfen. Die einzigen, die »anstrengungslosen Wohlstand« in vollen Zügen genießen, sind Erben großer Vermögen! Frage mich, wovon Diätenbezieher wie Westerwelle

Schon während Slim K. gemeinsam mit Treiber das Knut-Asana praktizierte, begannen Passanten, Geld in den Hut zu werfen. Slim K. steigerte seine Tagesrendite um 500 Prozent! Aber wie es in Wirtschaftsberichten über Schwellenländer gerne heißt: Ausgehend von einem relativ niedrigen Niveau!

eigentlich leben? Steuergelder, oder? Wie jeder Hartz-IV-Empfänger auch. Immerhin tut er was für sein Geld: Er jammert lauter als die Resthartzis! Nicht nur er klagt laut: Der Hartz-Missbrauch müsse dringend eingedämmt werden. Die Regierung will jetzt sogar eine Behörde einrichten, die Hartz-IV-Empfänger kontrolliert. Unklar ist der Name der Behörde. Geheime Hartz-Polizei, also »Gehapo«, wurde bereits verworfen. Diskutiert wird noch über »Ministerium für Hartz-Sicherheit«, kurz »Hasi«! Und es gibt seit einigen Jahren noch einen interessanten Ansatz: Über die Ein-Euro-Jobs sollten laut offizieller Propaganda mal 600.000 neue Jobs entstehen! Ich wurde damals schon stutzig. Da hat doch jemand nicht richtig gerechnet: Wenn man für einen Euro die Stunde schon 600.000 Jobs generiert, dann erhält man natürlich für 5 Cent in der Stunde Vollbeschäftigung!

Und bei dem Lohnniveau werden dann auch die Chinesen ihren Transrapid wieder in Bochum zusammenschrauben müssen! Als meine Gedanken so weit gediehen sind, muss ich plötzlich innehalten. Wenn Arbeit in Deutschland wieder so billig wird – wie können dann die anderen europäischen Länder der konjunkturellen Verarmung noch entgehen? Überall wird es Generalstreiks geben, weil Billigjobs aus Rumänien nach Regensburg abwandern …

Und wer hilft dann den Griechen?

KAPITEL 21

WIE MAN OHNE MIESE NACH GRIECHENLAND VERREIST

Griechenland – allein das Wort klingt nach Urlaub, blauer Ägäis, Sonne, schönen Inseln und kleinen, weißen Kirchen, von denen man eine tolle Aussicht hat. Es klingt nach Ouzo, Retsina, Gyros, nach Entspannung und alten Tempeln. Griechenland – Wiege Europas, Geburtsstätte der Demokratie und der Philosophie! Was haben wir nicht alles aus Griechenland? Neben großen Idealen und der Olympiade auch mannigfaltige Nutzungsmöglichkeiten für Ziegen! Das Vorbild einer Gesellschaft, in der jeder mit jedem (ja, auch Ziegen) … Solange bloß keine Frau im Spiel war! Das Leben im alten Griechenland war ein einziger langer Christopher Street Day, aber mit Niveau!

Während die Frauen die ganz Arbeit erledigten, saßen die Männer in der Gegend rum und philosophierten. Sie waren im Prinzip reaktionäre Machos, hatten aber massig was in der Birne! Daher kamen sie schon im vierten vorchristlichen Jahrhundert zu erstaunlichen Ergebnissen.

Von Platon stammt die Einsicht: »Die Weisen reden, weil sie etwas zu sagen haben, Toren sagen etwas, weil sie reden müssen!« Ist es nicht schön, dass diese Maxime ihren Weg ins heutige Fernsehprogramm gefunden hat? Jedenfalls der Teil mit den Toren.

Von Diogenes kommt der Standardsatz zu den heutigen Finanz-Prozessen: »Die großen Diebe führen den kleinen ab!«

Und Sokrates sagte vor nunmehr 2500 Jahren, als er im Hafen von Piräus bei Athen auf der Kaimauer saß und den Schiffen beim Entladen der Waren zuschaute: »Mannigfaltig sind die Dinge, derer ich nicht bedarf!« Dieses Motto hat es leider nicht ins heutige Griechenland geschafft!

Daher klingt das Wort »Griechenland« im Moment am allermeisten nach einem Staatsdefizit, das die Republik Kongo wie einen soliden Staat wirken lässt.

Kurz: Die Griechen haben uns Resteuropäer tierisch reingelegt. Sie haben sich erst mit falschen Zahlen in die Gemeinschaftswährung gemogelt, und jetzt stehen sie kurz davor, den Euro zu versenken. Früher hätte das einen sofortigen Krieg und ein unerbittliches, wirtschaftliches Diktat bedeutet! Aber heute sind wir vornehmer geworden: Heute verzichten wir auf den Krieg …

Vielleicht wäre es aber nützlich, zu erforschen, woher das griechische Elend rührt. Zuallererst mal von den Griechen, klar. Wo Steuerhinterziehung in Deutschland ein Volkssport ist, ist sie in Griechenland olympische Disziplin! Unserer gegenwärtigen Regierung kann Griechenland auch als warnendes Beispiel dienen: Man sieht, wo es hinführt, wenn Steuereinnahmen konsequent zum Erkaufen von Wählergunst genutzt werden!

Ein weiterer Hauptschuldiger aber ist: Deutschland! Durch die Lohnzurückhaltung des produzierenden Gewerbes hierzulande sind wir mittlerweile so was wie die Chinesen Europas! Deutsche Waren werden mit einer unglaublichen Produktivität hergestellt, sodass 60 Prozent aller in Griechenland verkauften Güter aus Deutschland stammen.

So kommt es, dass das Geld, das die Griechen (und auch die Portugiesen, Italiener und Spanier) nicht haben, jetzt auf deutschen Sparbüchern rumgammelt! Theoretisch zumindest. Praktisch haben die Griechen allerdings nur auf Pump gekauft …

MONEY-Tipp

Gehen Sie zu Ihrem Chef. Erklären Sie ihm, dass das Ende der Fahnenstange endgültig erreicht ist! Im Namen aller Südeuropäer fordern Sie jetzt dringend mehr Lohn! 10 Prozent mindestens! Ihnen persönlich wäre es ja eigentlich egal, aber Ihre Lohnzurückhaltung und die daraus resultierende Stärkung des deutschen Exportbetriebs hätte die armen, teuren Mittelmeerstaaten richtig nach unten gerissen. Dann kaufen Sie eine »griechische Staatsanleihe light«: Sie fliegen auf eine ionische Insel, kaufen eine Flasche Ouzo sowie eine Portion Gyros und tanzen Sirtaki am Strand. Gutes tun kann so einfach sein!

Legalität: 100 Prozent – Solange die Gehaltsverhandlungen ohne Handgreiflichkeiten verlaufen.
Risiko: 3 Prozent – Ziegen, Ouzo-Missbrauch, Olympic Airways – Sie wissen hoffentlich, wo man Vorsicht walten lassen sollte.
Chance: 37,34 Prozent – Hängt von Ihrer Beredsamkeit ab. Im Großen und Ganzen eher schlecht – die meisten Chefs haben ein begrenztes Verständnis für die Belange anderer Völker, obwohl er Ihr Argument von der Stärkung zukünftiger Märkte nicht ganz von der Hand wird weisen können! Aber wer nicht wagt, der nicht gewinnt, und ein Versagen Südeuropas wird seinem Betrieb garantiert nicht guttun!

Sirtaki-Asana

Diese Stellung ermöglicht Ihnen die seltene Synthese zwischen Ost (Indien, Yoga) und West (Griechenland, Party). Stellen Sie sich barfuß auf etwas Sand. Sollte kein Sand in der Wohnung sein, bietet es sich an, diese Übung an der frischen Luft auszuführen. Stellen Sie sich vor, Sie ständen am Mittelmeer. Winkeln Sie das rechte Bein ein wenig an, als wären Sie zum Lostanzen bereit. Erheben Sie den rechten Arm nach oben und halten Sie den linken Arm nach unten. Beide Hände sind bereit zum Schnippen. Halten Sie diese Position einige Atemzüge lang und spüren Sie, wie Ihr nächster Griechenland-Urlaub sich nähert!

MONEY-Mantra
Ich werd beim Boss zu Kreuze kriechen,
Sind wir nicht alle sieche Griechen?

24.2.
Das ist das Schöne am Glück. Es gibt kaum etwas zu sagen. Nur so viel sei verraten: Praktiziere immer erstaunlichere Doppel-Asanas mit Elisabeth.

25.2.
Überraschungsbesuch von Elisabeth im Büro. Praktiziere gerade die Pick-up-Asana – erneut einbeinig. Falle erschreckt um, Aktenschrank kollabiert. Wir beide drunter. Habe noch nie so glücklich meine soeben erledigte Arbeit wieder zunichtegemacht.

28.2.
Anruf von Krempelmann. Man hätte da einen Fall, der meine Fahndungserfahrung gebrauchen könnte. Wie weit ich denn mit der

Archivierung sei. Kann mein Glück kaum fassen. Zitiere für ihn aus dem Einkommensteuergesetz § 2a Abs. 7, Satz 2:

1) Satz 1 Nummer 3 und 4 sind nicht anzuwenden, wenn der Steuerpflichtige nachweist, dass die in Satz 1 genannten Voraussetzungen bei der Körperschaft entweder seit ihrer Gründung oder während der letzten fünf Jahre vor und in dem Veranlagungszeitraum vorgelegen haben, in dem die negativen Einkünfte bezogen werden.

2) Absatz 1 Satz 1 Nummer 2 ist nicht anzuwenden, wenn der Steuerpflichtige nachweist, dass die negativen Einkünfte aus einer gewerblichen Betriebsstätte in einem Drittstaat stammen, die ausschließlich oder fast ausschließlich die Herstellung oder Lieferung von Waren, außer Waffen, die Gewinnung von Bodenschätzen sowie die Bewirkung gewerblicher Leistungen zum Gegenstand hat, soweit diese nicht in der Errichtung oder dem Betrieb von Anlagen, die dem Fremdenverkehr dienen, oder in der Vermietung oder der Verpachtung von Wirtschaftsgütern einschließlich der Überlassung von Rechten, Plänen, Mustern, Verfahren, Erfahrungen und Kenntnissen bestehen; das unmittelbare Halten einer Beteiligung von mindestens einem Viertel am Nennkapital einer Kapitalgesellschaft, die ausschließlich oder fast ausschließlich die vorgenannten Tätigkeiten zum Gegenstand hat, sowie die mit dem Halten der Beteiligung in Zusammenhang stehende Finanzierung gilt als Bewirkung gewerblicher Leistungen, wenn die Kapitalgesellschaft weder ihre Geschäftsleitung noch ihren Sitz im Inland hat.

Krempelmann hat wenig Sinn für den schroffen Existenzialismus der steuerlich-deutschen Detailversessenheit. Meint aber, dass er mir die Akten für den Steuerhinterziehungsfall vorbeischickt.

1.3.
Steuerhinterziehungsakten sind gekommen. Fast wachsen mir Flügel bei der Archivierung.

2.3.
Setze an, Elisabeths finanzielle Erziehung mit einem Exkurs über das Investieren an der Börse zu krönen! Fasse diese Erfahrung in einem Kapitel meines Buches zusammen.

KAPITEL 22

WIE MAN OHNE MIESE SCHUHE KAUFT UND SEINER FRAU DIE BÖRSE ERKLÄRT

Es gilt als erwiesen, dass Frauen mit Geld besser umgehen können als Männer. Sie investieren vorsichtiger und erzielen langfristig höhere Renditen. Das Problem an der Sache ist nur, dass Frauen Geldgeschäfte eher langweilig finden und sich mit derlei Idiotenkram lieber nicht abgeben! Daher unternahm ich neulich den Versuch, meiner neuen, chronisch geldknappen Freundin Elisabeth die Börse etwas näherzubringen.

»Schau«, hub ich an. »Investieren an der Börse ist eigentlich ziemlich einfach!«

»Und uneigentlich?«, fragte sie. Es ist diese Art von weiblicher Pedanterie, geschult in jahrelangen Psychokursen, die mich auf die Palme treiben kann. »Uneigentlich auch!«, sagte ich etwas einfallslos trotzig und fuhr fort: »Man kauft eine Aktie und verkauft sie später mit Gewinn!« So, nun war's raus. Sie gähnte. Ich würde nachbessern müssen.

»Also, man investiert an der Börse und hofft, dass die Kurse steigen!«, versuchte ich zu verdeutlichen.

»Ja«, sagte sie, »das hoffe ich bei meinem Fitnesscenter auch. Was da in letzter Zeit an Kursen nicht stattgefunden hat …«

»Nein, die Aktienkurse«, erwiderte ich. »Man setzt entweder auf steigende oder auf fallende Kurse. Letzteres, indem man Leerkäufe tätigt.«

Ihre Augen wurden groß. »Leerkäufe? Du meinst, man geht einkaufen und kommt leer wieder, so eine Art verschwendeter Vormittag?«

»Na ja«, meinte ich, »wie man's nimmt. Man leiht sich eine bestimmte Menge Aktien aus und verkauft sie. Dann wartet man, bis die Kurse fallen, kauft die Aktien zu einem niedrigeren Kurs wieder ein und gibt sie der Bank zurück. Die Differenz zwischen dem Preis, zu dem man sie geliehen hat, und dem Kurs, zu dem man sie dann letztlich kaufen konnte, ist der eigene Profit. Steigen die Kurse allerdings wider Erwarten, war es wirklich ein verschwendeter Vormittag! Ungedeckte Leerkäufe sind allerdings in Deutschland verboten.«

»Ungedeckte Leerkäufe! Ohne Geld losziehen und auch nichts einkaufen? So eine Art Window-Shopping?«

»Leider nicht. Der ungedeckte Leerkäufer tut nur so, als würde er sich die Aktien ausleihen, hat aber im Prinzip gar kein Geld dafür – außer wenn sein Kalkül aufgeht. Aber das Wichtigste ist ein guter Einstiegskurs.«

»Selbstverständlich«, pflichtete sie mir bei, »ohne guten Einstiegskurs macht der Fortgeschrittenenkurs überhaupt keinen Sinn.«

Ich ignorierte das inhaltliche Gefälle unserer Kommunikationsebenen und fuhr fort. »Man wartet auf ein vielversprechendes Kaufsignal.«

»Manolo Blahniks bei 30 Prozent!«, rief sie begeistert. Ich war schockiert. Immerhin war sie Akademikerin! Die weibliche Begeisterung für teure Schuhe ist ein Universum, das seine Pforten vor meinem Verständnis dicht verschlossen hält. Andererseits beherrsche ich Mathematik: Gute Schuhe gleich zufriedene Frau gleich sehr angenehmer Abend!

Um diesen »angenehmen Abend« sicherzustellen, habe ich gelernt, mich wortreich blumig an ausgefallenen »Buffalos« zu ergötzen. Die mir letztlich völlig egal sind (die Schuhe, nicht die Frau!). Aber wenn Schuh-Allegorien meiner Geliebten den Finanzmarkt näherbringen – sei's drum.

»Genau, Manolo Blahniks bei 30 Prozent. Oder Allianz nach einem Kurssturz von 25 Prozent. Wichtig beim Aktienkauf ist die Berücksichtigung des Kurs-Gewinn-Verhältnisses, kurz KGV.«

»Ist immer wichtig«, meinte sie verständnisvoll. »Ein guter Fitnesskurs bringt ja auch einen Gewinn, und im Fall meiner Freundin Angela sogar ein Verhältnis mit einem verheirateten Kursleiter!«

»Genau das ist es nicht! Beim KGV teilt man den Aktienkurs durch den Reingewinn pro Aktie. Je niedriger der Quotient ausfällt, desto günstiger ist die Aktie bewertet.«

Sie schaute mir stumm in die Augen, mit diesem Blick, bei dem man sich als Mann nie sicher ist: Will sie Sex? Oder hält sie mich einfach für einen Idioten? Oder beides?

Ich machte weiter. »Es gibt eine Vielzahl von weiteren Aspekten, die man bei einem Börsenengagement berücksichtigen muss. Zum Beispiel die historische Volatilität.«

Ich versuchte, ruhig zu atmen, und hielt sie dabei genau im Auge. Aufgrund einiger Ereignisse der jüngsten Vergangenheit war mir klar, dass Elisabeth eine ziemlich hohe historische Volatilität hat – sie flippt beim kleinsten Anlass aus. Es war möglich, dass allein die Erwähnung des Wortes …

Aber es blieb ruhig. »Historische Volatilität beschreibt die Schwankungsintensität einer Aktie in der Vergangenheit und hat so auch eine gewisse Aussagekraft für die Zukunft.«

»Logo. Nehmen wir also mal an, dass wir zusammenwohnen. Wenn du nur ab und zu mal kochst, den Müll runterträgst und mich zum Tanzen ausführst, dann musst du auch nicht ständig befürchten, dass ich ausraste!« Sie hatte kapiert.

»Außer Aktien gibt es natürlich noch weitere Finanzderivate. Etwa Genussscheine!«

»Kenn ich«, meint sie verständnisvoll, »der 10-Euro-Schein, für den man bei Starbucks eine Latte Caramel und einen halben Muffin kriegt!«

»Fast«, korrigiere ich. »Ein Genussschein ist so eine Art Zwitter zwischen Aktie und Anleihe! Eine Anleihe wiederum ist eine verzinsliche Schuldverschreibung mit einer bestimmten Laufzeit, den man einer Firma oder einem Staat erteilt, die darauf dann Zinsen zahlen.«

Sie begann, den Tchibo-Katalog durchzublättern. Ich stieß auf taube Ohren. »Eine Anleihe wäre es, wenn du mir die ganze nächste Woche dein Fahrrad leihst, und ich es dir am Sonntag zusammen mit einem Blumenstrauß zurückgebe!«

»Okay, das Ding hat zwar einen Platten, aber den Blumenstrauß nehme ich trotzdem gern!«

»Das, was du mir grad anbietest, ist eine Option!«

»Wie?«

»Nun, ich zahle den Blumenstrauß und habe dafür das Recht, entweder dein Fahrrad in der nächsten Woche zu reparieren und zu nutzen, oder aber das Ding in dem Zustand zu lassen, wie es ist. Der Blumenstrauß wechselt auf jeden Fall den Besitzer!«

»Theoretisch«, erwidert sie, »praktisch machst du mir das Dings bitte spätestens Freitag heil!«

»Die verschiedenen Assetklassen, also die Mischung aus Aktien, Immobilien, Festgeldern und Rohstoffen, werden in einem Portfolio abgebildet.«

Unverständnis. »Ein Portfolio ist wie ein Schuhschrank, in dem drei Paar Pradas neben vier Paar Manolos stehen, und die wiederum neben einem Paar Salamander.«

»Gut«, sagt sie, »Salamander hab ich zwar nicht, und leider auch keine vier Manolos, aber das Prinzip ist klar.«

»Man kann in einem Portfolio ein paar gedeckte Positionen reinnehmen …«

»Missionarsstellung?«

»Nein, das ist der Verkauf einer Kaufoption zusätzlich zu den Aktien, die ich bereits besitze. Oder ein paar Absicherungen in Form von Verkaufsoptionen oder Puts, mit denen man auf fallende Kurse setzt.«

»Eine Verkaufsoption wäre also, wenn ich von Angela einen billigen Gutschein kaufe, der mir das Recht gibt, die neuen »Camper-Schuhe«, die ihr Blasen verursachen, Ende nächster Woche, wenn mein Gehalt da ist, für einen festen Preis abzukaufen. Ich muss sie allerdings nicht kaufen, weil ich das Geld wahrscheinlich lieber für ein paar anständige Roger Viviers ausgebe.«

Ich war begeistert. Ich hatte länger gebraucht, das zu verstehen. Frauen sind so klug!

Es war eindeutig an der Zeit, zum Kern der Sache vorzudringen: »Wenn das Kursziel erreicht ist, wird die erfolgreiche Position liquidiert!«

»Du Nazi«, ruft die Holde. »Erst wird 'ne Position erfolgreich, und dann wird sie auch noch umgebracht!«

»Nein«, sage ich. »Liquidation heißt verkaufen, wörtlich: verflüssigen!«

»Das ist genau eure brutale Männersprache! Das Prinzip eurer maskulin dominierten, kranken Gier-Wirtschaft: Verkaufen und ermorden haben den gleichen Wortstamm! Eine Position wird liquidiert! In Salzsäure aufgelöst, oder was?«

Aus Erfahrung weiß ich diese »Männer sind die Mörder der Welt«-Diskussionen zu meiden. Sie führen nirgendwo hin. Höchstens in einen schlecht gelaunten Abend, der nur mit viel Überredung und der Aussicht auf einen Restaurantbesuch sowie ein paar gesponserten Schuhen noch die Kurve zu einer erträglichen Stimmung kriegt.

»Na ja«, sagte ich deshalb leichthin, »im Grunde ist Börse ganz einfach. Man investiert Geld und hat was davon!«

»Ja«, sagte sie, »halt wie Schuhe kaufen. Bloß dass man selbst nach einer erfolgreichen Börsentransaktion immer noch nix an den Füßen hat!«

 ## MONEY-Tipp (für Männer)

Kaufen Sie heimlich Blumen und Schuhe (sollten Sie die Größe Ihrer Geliebten nicht kennen, fragen Sie deren beste Freundin), legen Sie sie ihr aufs Bett und warten Sie ihre begeisterten Freudenschreie ab. Das ist vielleicht nicht das finanziell lukrativste Investment, das Sie je getätigt haben, aber so viel Befriedigung schenkt Ihnen kein Portfolio (außer, wenn Sie etwas pervers veranlagt sind)!

# MONEY-Tipp (für Frauen)

Wenn Ihr Mann ihnen unbedingt was über Geld erzählen will, hören Sie geduldig zu (was Sie im Gegensatz zu ihm ja ausreichend beherrschen), lächeln Sie verständnisvoll und warten Sie die Blumen und die Schuhe ab! So erreichen Sie am ehesten ihr akkumuliertes Anlageziel!

Legalität: 150 Prozent – Konsum plus Freude – ein Traum für die Wirtschaft und Frieden unter den Menschen!
Chance: 94 Prozent – Ein solides, überschaubares Investment, das erst später außer Kontrolle gerät . . .
Risiko: 13 Prozent – Sie müssen schon die richtige Größe kennen! Und wissen, dass Ihre Frau Nelken hasst!

# MONEY-YOGA-STELLUNG (FÜR MÄNNER)

Börsenaufklärungs-Asana

Schlagen Sie ein Bein über das andere. Drehen Sie den Oberkörper in die entgegengesetzte Richtung. Dann wiederum den Kopf in die gleiche Richtung wie das erste Bein. Atmen Sie ruhig weiter (wenn das noch geht) Versuchen Sie, den Körper noch weiter zu verknoten. Und noch weiter. Bis Sie nicht mehr wissen, wo zum Teufel Ihre Gliedmaßen eigentlich stecken. Können Sie noch klar denken? Nein? Gut! Genauso werden Sie sich fühlen, wenn Sie ihrer Frau die Börse erklären!

# MONEY-YOGA-STELLUNG (FÜR FRAUEN)

Börsenaufklärungs-Verständnis-Asana

Räkeln Sie sich kaum wahrnehmbar auf dem Sofa. Lächeln Sie ihn an. Atmen Sie jedes Mal, wenn das Wort »Schuhe« fällt, mit einem leichten Stöhnlaut aus! Räkeln Sie sich wieder. Kaum merkbar. Seufzen Sie, wenn er wieder etwas von »Butterfly-Spreads« faselt. Er wird es begreifen. Wenn nicht, aktivieren Sie Ihr Stop-Loss-Limit und gehen einfach ins Bett!

MONEY-Mantra (Männer)
Erklär die Börse ihr mit viel Getöse,
Doch mach es nett, sonst wird sie böse!

MONEY-Mantra (Frauen)
Ich lass ihn labern voller Ruhe
Und wart auf Blumen, Schmuck und Schuhe!

Slim K. verstand weder die Börsenaufklärung noch die Position, wie sein zweifelnder Blick eindeutig belegt. Er erhielt trotzdem einen kleinen Bonus für gesteigerten Einsatz.

3.3.

Neuigkeiten von MR erhalten. Anscheinend immer noch Burnout. Steht außerdem kurz vor der Scheidung. Hat einen männlichen Kardinalfehler gemacht – mit seiner Frau geredet. Ging wohl ganz unschuldig los. Sie fragte ihn, ob er wieder heiraten würde, wenn sie stürbe. Er sagte: »Nö.« Sie fragte, ob es ihm nicht gefiele, verheiratet zu sein. Und da sagte er: »Doch, klar.« Und dann fragte sie, warum er dann nicht wieder heiraten wolle, und da sagte er: »Na gut, dann heirate ich eben wieder.« Da wird sie etwas nachdenklich. Ob er dann ihre Bilder mit denen von der Neuen ersetzen würde, fragte sie. Da meinte er: »Vermutlich.« Und daraufhin wollte sie etwas beunruhigt wissen, ob er denn mit der neuen Frau auch in ihrem Ehebett schlafen würde, worauf er sagte, dass das angemessen erschiene, und dann fragte sie mit Tränen in den Augen, ob er die neue Frau auch ihre Golfschläger benutzen lassen würde, und da sagte er: »Auf keinen Fall, die ist doch Linkshänderin!«

Das hat seine Frau sehr böse gemacht. Mich auch. Wusste gar nicht, dass der Sack heimlich Golf spielt. Snob!

4.3.

Kaffeemaschine zischt verdächtig. Ist sie erschöpft? Was will sie mir sagen? Kaffee macht sie jedenfalls keinen. Vielleicht hat sie zu Recht ein weibliches Pronomen – die Kaffeemaschine. Unergründlich, geheimnisvoll und besonders zickig, wenn man sie dringend braucht. Beschließe, Elisabeth nichts von meinen Überlegungen zu sagen.

7.3.

Schönes Wochenende mit Elisabeth verbracht. Nehme sie mit in die Fußgängerzone. Gerade als ich die Börsenaufklärungs-Asana praktiziere und faktisch wehrlos bin, da mein linkes Bein grade hinter meinem Kopf klemmt und ich zeitgleich versuche, auf einer Hand zu balancieren, sehe ich MR in der Menge stehen. Er sieht gar nicht so ausgebrannt aus. Grinst doof rüber und verschwindet dann. Bin verwirrt. Zumal das linke Bein einen Krampf kriegt und Elisabeth sich zusammen mit zwei kräftigen türkisch aussehenden Typen auf mich werfen muss, um es hinter meinem Kopf wieder rauszukriegen. Anschließend Vorhaltungen von Elisabeth. Ob ich mir nicht blöde vorkäme? Natürlich tue ich das, aber hier geht es schließlich um etwas Größeres! Johannes der Täufer muss sich auch sehr blöde vorgekommen sein, als sein Kopf auf einmal auf Salomes Tablett lag, bloß weil er sie nicht küssen wollte. Ihr Verständnis ist limitiert. Wir streiten. Sehr unangenehm.

Ansonsten Archivierung, Archivierung, Archivierung.

8.3.

Muss an meinem im letzten Jahr verstorbenen Vater denken. Wenn ich mal sterbe, möchte ich genauso sterben wie er. Friedlich im Schlaf. Und nicht so panisch schreiend wie die Bekannte, die hinter ihm auf dem Motorrad hockte! Er war ein leidenschaftlicher Jäger und hat immer gesagt, dass er mich aus den ewigen Jagdgründen kontaktieren würde, wenn er mal stürbe. Heute hat er das getan. Heute kam mit der Post eine Rechnung für ein 10-Jahres Abo des »Wild und Hund«-Kalenders!

9.3.

Karl-Heinz immer noch Mietnomade. Macht mich nervös. Kann nicht mehr. Werde sogar gemein gegenüber Elisabeth.

10.3.

Mystische Erfahrung an der Kaffeemaschine. Wieder ein unerwartetes Zischen. Was will sie mir sagen? Dass alle Dinge des Lebens letztlich leer und Illusion sind? Dass wir alle irgendwann mal als kaputte Kaffeemaschine enden, vergessen, verstaubt, dem Zerfall anheimgegeben? Warte auf ein Zeichen, doch es kommt keins mehr. Bedaure, kein biblischer Prophet zu sein. Über einem brennenden Busch kann man wenigstens Kaffee kochen. Über dem schweigsamem Propheten am Ende des Ganges nicht!

11.3.

Krempelmann gibt mir die Akten zum Studium übers Wochenende mit und prüft den Stand der Archivierung. Erkläre ihm, dass man bei dem Thema noch nicht wirklich von »Stand« sprechen kann. Eher von »nicht vom Boden hochkommen«. Frage ihn, wozu Akten der 70er-Jahre auf Festplatte gespeichert werden sollen. Antwort: Um sie für die Ewigkeit zu sichern! Wusste nicht, dass das Finanzamt jetzt der katholischen Kirche Konkurrenz macht.

12.3.

Tag des Grauens. Samstag in der Fußgängerzone. Betreibe finanzielle Aufklärung. Sehe plötzlich Elisabeth. Neben ihr geht MR. Sie halten Händchen!

13.3.
Albtraumtag. Elisabeth ist Linkshänderin! MR hat gar keinen Burnout. Wollte nur Zeit für seine Geliebte. Mordfantasien. Schluss mit Elisabeth. Überlege, Islamist zu werden, damit ich einen politisch motivierten Mord an MR durchführen und Elisabeth zu meiner Viertfrau machen kann. Diejenige, die die ganze Drecksarbeit machen muss! Herz bricht.

14.3.
Bei allem Drama keine Zeit für das Fallstudium der Fahndungsaktion aufgewendet, die Krempelmann mir aufgetragen hat. Mist. Hole es nunmehr nach.
Der Verdächtige im Visier der Steuerfahndung, den wir morgen ausheben werden, heißt Alfons Fuhrmann. Kann es sein? Irgendeine Verwandtschaft zu Elisabeth?
Die Kaffeemaschine zischt zustimmend, als ich sie frage. Nehme das als gutes Omen.

15.3.
Heute Razzia bei Fuhrmann. Viel Schwarzgeld gefunden. Entdecke Bild eines jungen Mädchens, das Elisabeth sehr ähnelt. Definitiv ihr Vater. Soll ich ihr etwas sagen? Wollte eigentlich keinen Kontakt mehr. Befrage das Steuergesetzbuch:

§ 26a
Die Anwendung des § 10d für den Fall des Übergangs von der getrennten Veranlagung zur Zusammenveranlagung und von der Zusammenveranlagung zur getrennten Veranlagung, wenn bei beiden Ehegatten nicht ausgeglichene Verluste vorliegen, wird durch Rechtsverordnung der Bundesregierung mit Zustimmung des Bundesrates geregelt.
Auch keine große Hilfe. Überlege, den Bundesrat zu fragen. Aber vermutlich kriegen dann erst meine Enkel die Antwort. Wenn ich je welche habe. Sollte vielleicht doch mit Elisabeth reden!

16.3.
Befragung von A. Fuhrmann, der in Untersuchungshaft ist. Finde

ihn einen Moment allein. Spreche ihn auf Elisabeth an. AF leugnet hartherzig. Leite übergangslos zum Verhör über. AF ist Initiator eines Kettenbriefes. »Wozu?«, frage ich. Antwort: »Weil ich teure Hobbys habe!«

Welche? »Wiedervereinigung!«

Haha. Habe ich eine zweite Variante von Karl-Heinz vor mir?

»Wiedervereinigung mit Frauen, die ich in Bars getroffen habe!«

Fiese Sau. Bin dennoch inspiriert für mein Buch.

KAPITEL 23

WIE MAN OHNE MIESE AN KETTENBRIEFEN TEILNIMMT

Vielleicht hat die eine oder andere Dame schon mal einen Kettenbrief mit folgendem Inhalt erhalten:

»Liebe Leserin,
wenn du dies liest, nimm deinen Mann, packe ihn in ein Paket und schicke ihn an die ganz oben aufgeführte Adresse. Wenn du ehrlich bist, brauchst du ihn doch sowieso nicht mehr so richtig!

Dann setze deinen Namen unten auf die Liste und schicke diesen Brief an zehn Freundinnen. Diese wiederum verschicken ihn wiederum an weitere zehn Freundinnen und dein Name rückt nach oben. Nach etwa drei Monaten wirst du auf diese Weise 100.000 Männer erhalten. Sicherlich wirst du mit einem von denen etwas anfangen können!

Grete Muskau aus Dresden erhielt nur 847 Männer. Sie behielt einen und nutzt zwei weitere als regelmäßige Abwechslungen. Die anderen verschenkte sie an Freundinnen oder verkaufte sie an Elite-Partner-Vermittlungen. Sie ist mittlerweile sehr beliebt und sehr reich!

Daniela Schneider aus Würzburg erhielt im Laufe von zwei Monaten 16.532 Männer! Sie starb kurze Zeit später an einem Herzinfarkt. Allerdings mussten vier Chirurgen anschließend noch drei Stunden lang operieren, bis sie das breite Grinsen von ihrem Gesicht entfernt hatten!

Elke Richter aus Heiligenhafen hingegen weigerte sich, ihren Mann zu verschicken. Sie ist heute noch verheiratet und denkt häufig an Selbstmord!«

Ah, der Kettenbrief! Immer noch einer der schnellsten Wege zum schnellen Geld! Ich muss leider an dieser Stelle gestehen, dass ich lange Zeit geradezu kettenbriefsüchtig war. Aber ich bin in guter Gesellschaft! Angesehene Menschen und hohe Würdenträger fallen genauso auf Kettenbriefe rein wie alle anderen Idioten auch. Meinen ersten Kettenbrief erhielt ich als Teenager. Damals ging es darum, 10 Mark an den obersten auf der Liste zu schicken, was ich auch tat. Ich erhielt die versprochenen 1000 Mark nie, aber immerhin drei Briefe mit je 10 Mark. Oder anders gesagt: Eine Rendite von sagenhaften 200 Prozent in nur drei Monaten! Für die gleiche Rendite an der Börse muss man unter Totalverlustrisiko mit hochspekulativen Optionen und Derivaten zocken! Oder die Lieblings-Patentante anbetteln!

Der nächste Kettenbrief war das Pilotenspiel. Das war schon etwas raffinierter. Und teurer. Das Prinzip hieß: in nur vier Schritten abfliegen, und jeder Spieler musste nur zwei weitere Spieler »reinbringen«. Auf der untersten Ebene der Pyramide befanden sich acht Spieler, auf der nächsten nur vier, dann zwei und im nächsten Schritt konnte man abfliegen. Mit 8000 Mark – was Ende der 80er-Jahre noch echtes Geld bedeutete und nicht bloß lumpige 4000 Euro. Im Gegenzug war der Einsatz auch nicht ohne: 1000 Mark. Da es sich um keinen geringen Einsatz handelte, veranstalteten wir sogenannte Fliegerpartys zum Motivieren noch unentschlossener Gierhälse. Das Zauberwort dabei hieß immer: »Positiv denken!« – »Es ist genug Reichtum für alle da!« Jedenfalls für die, die rechtzeitig ein- und wieder aussteigen. In dieser Hinsicht gleicht das Schneeballsystem übrigens wieder der Börse!

Die Partys waren immer sehr lustig. Alkohol floss in Strömen, denn jeder weiß, dass beim Überschreiten einer gewissen Promillegrenze positives Denken von ganz allein einsetzt. Beim zwanglosen Plaudern über finanzielle Glaubenssätze ließ sich überdies die eine oder andere Beziehung anbahnen. Es war eine spannende, euphorisch-erotisierte Zeit. Auch das Spielverderber-Argument, dass bei so einer Angelegenheit automatisch »den Letzten die Hunde beißen«, wurde durch positives Denken entkräftet: »Und was ist, wenn der Letzte in einer Gegend wohnt, in der es keine Hunde gibt?«

Zwar hätte man in der Zeit, die wir damit verbrachten, Partys zu organisieren, zu veranstalten, sämtliche Bekannten zum Kaffee zu treffen und Neuzugänge zu akquirieren, als einfacher Handelsvertreter entspannt das Doppelte verdienen können, aber hier ging es um etwas Größeres!

Erstaunlich, was Menschen alles glauben, wenn es um Geld geht. Die allermeisten glauben ja auch, dass das Haushaltdefizit der Regierung nichts mit ihrem Leben zu tun hat! Irgendwann machte sich das ewige Positiv-denken-Saufen bezahlt und ich konnte mit 8000 Mark abfliegen. Was ich auch tat. Zwecks Rettung einer bereits gekündigten Beziehung lud ich meine Ex-Freundin nach Fuerteventura ein. Es folgte eine sexlose Woche mit viel Beziehungsaufarbeitung. Wahrscheinlich hätte ich ohne meinen »Abflug« bei den Fliegerpartys mehr Spaß mit Damen gehabt!

Um das nachzuholen, begab ich mich mit meinem letzten Geld zur nächsten »Piloten-Party«. Gerade als ich meine letzten 1000 Mark einzahlen wollte, um erneut mein Glück als Pilot zu machen, wurde ich leider tatsächlich auf offener Straße von einem schlecht gelaunten Hund gebissen und kam deshalb nicht mehr rechtzeitig zum Spiel. Kurze Zeit später war die Sache vorbei und interessierte keine Sau mehr. Außer die Staatsanwaltschaft! Das Sprichwort kann man also auch umdrehen: Den Letzten retten die Hunde!

Gefährlicher als die etwas plump-offenen Kettenbriefe oder Schneeballsysteme sind die verdeckten. Anfang der 90er-Jahre gab es den European Kings Club! Der versprach eine Rendite von 70 Prozent! Monatlich! 70 Prozent wäre ungefähr das, was auch die Banken verdienten, ihren Kunden aufgrund überzogener Gier aber nicht weiterreichten, behaupteten die EKC-Vorderen. Da wir den Banken damals schon chronisch misstrauten, konnte man uns im Prinzip alles erzählen. Was man ja auch tat! Eine Freundin und ich waren blöde genug, das zu glauben. Ich überredete meine Eltern, mir einen Großteil meiner Erbschaft auszuzahlen, und investierte im großen Stil in den EKC. Der European Kings Club hatte ein sehr überzeugendes Prinzip, das überdies einem politischen Wahlprogramm glich. Es war also von vorne bis hinten erlogen.

Drei Wochen später flog eines der größten, kriminellen Schneeballsysteme auf und ich machte eine große, philosophische Erfahrung. Der Letzte muss überhaupt nicht von den Hunden gebissen werden – es reicht ein Gerichtsvollzieher!

Die gute Nachricht ist jedoch: Es gibt auch Schneeballsysteme, die spurlos an mir vorübergingen. So habe ich beispielsweise keinen einzigen Cent bei Bernard Madoff investiert. Sondern ehrlich an der New-Economy-Blase verloren! Auch die Herzkreise, die in letzter Zeit das »Pilotenspiel reloaded« darstellten, interessierten mich nicht.

Aufgrund der penetranten Verfolgung finanziell gutgläubiger Menschen, die ihr sauer verdientes Geld von Herzen gern wegschenken wollen, haben sich Kettenbriefe in letzter Zeit ein sehr viel edleres Gewand zugelegt. Sie kommen jetzt als »Glücksbriefe«, die dem Angeschriebenen erst mal erklären, was für einen Riesen-Dusel er hat, diesen Brief zu erhalten. Das Glück währt aber nicht lange, denn er soll den Brief gefälligst sofort weiterschicken. Sonst hat man nämlich kein Glück, sondern wird einen zeitnahen und außerordentlich schmerzhaften Tod erleiden! Es ist schon erstaunlich: Selbst nach einem Mord würde ich nach 15 Jahren wieder freikommen, aber wenn ich den Glücksbrief nicht weiterschicke, kriege ich innerhalb eines halben Jahres Bauchspeicheldrüsenkrebs!

Das sind die Zeiten, in denen sich die »Glücks-Tipps« des Dalai Lamas als echte Belastung entpuppen. Als ausweglose Situation. Schickt man sie nämlich an die geforderten 15 Freunde weiter, kündigen diese unter wüsten Schmähungen die Freundschaft auf. Tut man es nicht, stirbt man. Man hat also die Wahl zwischen einsam oder tot sein! Vielen Dank auch!

Die Glücksbriefe wechseln häufiger das Gewand, um Spamfilter besser auszutricksen. Neben Eskimo-Einzeilern nach dem Motto: »Wenn's schneit, wird's gemütlich!«, und alten chinesischen Weisheiten wie: »Jetzt seid mal nett zueinander, das Leben ist kurz«, sind neuerdings auch irische Glücksgedichte im Umlauf. Diese liefern sogar eine konkrete Prognose, wie lange die Erfüllung des Wunsches dauert. Bei einer einzigen Weiterleitung dauert es ein Jahr, bei drei Weiterleitungen ein halbes Jahr, bei sechs Weiterleitungen einen Monat und bei 20 Weiterleitungen nur drei Stunden! Ich schickte ihn vorsichtshalber an 457 Facebook-Freunde und habe 47 Sekunden später mein Online-Konto überprüft. Die Million war allerdings noch nicht drauf. Entweder ist das Ganze völlig erlogen oder irisches Glück hat nichts mit Geld zu tun! Wobei die Wahrscheinlichkeit des Letzteren überwiegt, wenn man sich ansieht, wie pleite Irland in letzter Zeit ist!

Wenn Sie mir wirklich etwas Gutes tun wollen, schicken Sie mir einen echten Glücksbrief. Mit der Post! Am besten per Einschreiben. Und mit mindestens 500 Euro drin sowie den Adressen von drei Schönheitsköniginnen, die unsterblich in mich verliebt sind und mich darüber hinaus dringend zum Essen einladen wollen! Oder noch besser: Eine Steuerbefreiung auf Lebenszeit!

 **MONEY-Tipp**

Kreieren Sie einen eigenen Glücksbrief. Irgendein buddhistisches Zitat bietet sich an. »Sei dein eigener Geld-Guru.« Oder so in der Art. Erkläre die Kraft des Briefes anhand von tollen Erfolgsgeschichten. »Sandra S. aus O. schickte den Brief an 17 Freunde. Vier Tage später starb ihre Mutter und hinterließ ihr 17.659 Euro!« – »Peter H. aus F. vergaß den Brief weiterzuschicken – er erkrankte drei Wochen später an einem andauernden Hodenkrampf. Dann erinnerte er sich an den Brief und schickte ihn an 20 Freunde. Jetzt zahlt die Stadt seine jungen blonden Therapeutinnen polnischer Abstammung!«

Der Clou an deinem Brief ist allerdings, dass immer auch 1 Cent für Wohltätigkeit gespendet wird. Die Aktion »Love helps« wird das Geld sammeln und bedürftigen Kindern zukommen lassen. »Love helps« ist natürlich dein eigenes Konto, schließlich bist auch du bedürftig (und kindisch)!

Chance: 93 Prozent – Es hat sich schon immer bezahlt gemacht, auf die Dummheit der Menschen zu wetten.
Risiko: 75 Prozent – Irgendjemand könnte was merken.
Legalität: 7 Prozent – Eigentlich null, aber »Love helps« könnte ja auch echten bedürftigen Kindern zugutekommen. Zum Beispiel deinen eigenen, deren Überleben von einem neuen Nintendo abhängt.

 MONEY-Yoga-Stellung

Kettenbrief-Asana
Setzen Sie sich bequem hin. Führen Sie die linke Hand an den Mund. Beißen Sie hinein. Was spüren Sie? Schmerz? Richtig! So ähnlich geht es den Letzten mit den Hunden auch! Nur, dass die diese Übung unter der Brücke machen müssen!

MONEY-Mantra
Bei Kettenbriefen gib fein acht,
Damit kein andrer Reibach macht.

Ein guter Biss ist die halbe Miete. Direkt im Anschluss an dieses etwas maso-chistische Mantra verkauften Christian B. und Janine H. mehrere Container-Schiffsfondsanteile. Nicht direkt ein Kettenbrief, aber auch nicht wirklich grundverschieden ...

17.3.
Karl-Heinz ist kaum noch zu ertragen. Breche zusammen. Weine. Brauch jemand zum Reden. Gestehe ihm meinen Kummer mit Elisabeth. Karl-Heinz will helfen. Sagt aber nicht, wie.

18.3.
Kaffeemaschine geht. Ein Wunder! Gutes Omen! Führe einen Dankbarkeitstanz auf dem Flur auf! Singe afrikanische Lieder. Krempelmann kommt dazwischen. Gerade als ich »Zack-uba-zack« singe und einen Limbo unter dem Kaffeemaschinentisch praktiziere. (Limbo ist der Tanz, bei dem eine Latte immer niedriger gehängt wird, unter der man drunter durch muss, ohne die Stange zu berühren und runterzuschmeißen). Fragt, ob das mit der Therapie nicht doch wieder nötig sei. Erwidere, dass sich das erledigt habe. Leider.
Soll ich nicht doch noch mal mit Elisabeth reden?
Was sagt das Steuergesetz?

§ 26
Besondere Veranlagung für den Veranlagungszeitraum der Eheschließung
(1) ¹Bei besonderer Veranlagung für den Veranlagungszeitraum der Eheschließung werden Ehegatten so behandelt, als ob sie diese Ehe nicht geschlossen hätten. ²§ 12 Nummer 2 bleibt unberührt. ³§ 26a Absatz 1 gilt sinngemäß.
(2) Bei der besonderen Veranlagung ist das Verfahren nach § 32a Absatz 5 anzuwenden, wenn der zu veranlagende Ehegatte zu Beginn des Veranlagungszeitraums verwitwet war und bei ihm die Voraussetzungen des § 32a Absatz 6 Nummer 1 vorgelegen hatten.

Lese den Paragrafen viermal. Vielleicht ist eine Eheschließung doch nicht sinnvoll. Werde die Beziehung behandeln, als wäre sie nicht geschlossen worden.

19.3.
Zum ersten Mal wieder in der Fußgängerzone. Gemeinsam mit den Menschen Geldmantras gesungen. Vermisse Elisabeth.

21.3.
Wieder bei Alfons Fuhrmann (AF). Beschließe, ihn zu knacken. Vertone das Steuergesetzbuch und biete es als Schlager dar. Zwischendurch Dauerbeschallung mit Modern Talking. Ich sehe ihn leiden, aber noch singt er nicht.

22.3.
Karl-Heinz zieht aus. Sagt aber nicht, wohin. Vorher erzählt er noch seinen neuesten Witz:

»Blondine lehnt an 'ner Wand. Wand fällt um. Was ist passiert? – Der Klügere gibt nach!«

Bin froh, dass er geht. Es gibt Dinge, die ich nicht vermissen werde. Dann erzählt er mir von einem Kleinkunst-Abend, bei dem er war. Ein Programm des Kabarettisten Robert Griess!
Das gibt mir neue Inspiration.

KAPITEL 24

WIE MAN IN DER KRISE INVESTIERT

Natürlich ist es nicht ganz einfach, in dieser unserer Krise sein Vermögen zu retten oder gar zukunftsorientiert zu investieren. Am vielversprechendsten scheint es zu sein, eine Bank in leitender Position an die Wand zu fahren und dann die Bonuszahlungen abzuwarten! Die Krise bietet jedoch auch andere Investitionschancen. So habe ich vor einiger Zeit einmal kurzzeitig überlegt, ob ich nicht Island kaufen soll. Das wäre vor einigen Jahren sehr günstig gewesen, als es kurz vor der Pleite stand. Aber dann hab ich mir gedacht: »Nee, Siegmund, warte lieber noch ein bisschen, dann kriegst du Griechenland und Dubai zusammen für denselben Preis!«

Als die Bundesrepublik Deutschland 2009 die Hypo Real Estate verstaatlichte, stieg der Aktienkurs an einem einzigen Tag um 40 Prozent! Wer hätte vor einigen Jahren gedacht, dass Verstaatlichung, also das »Modell DDR«, am Kapitalmarkt sogar eine Rendite erzielen kann! Denn das ist wohl der entscheidende Unterschied zwischen Kapitalismus und Sozialismus: Im Sozialismus werden die Banken erst verstaatlicht und dann ruiniert – im Kapitalismus geht das genau andersrum! Wenn diese Entwicklung so weitergeht, wird irgendwann auch Josef Ackermann im Interesse seiner Aktienoptionen eine Verbeamtung anstreben! Und wenn das passiert, sollten Sie dringend Deutsche-Bank-Aktien im Depot haben!

Generell gilt: Wenn fast alle Werte fallen, gibt es immer mindestens einen Wert, der zulegt: Angst! Auch wenn es Psychologen gibt, die bestreiten würden, dass »Angst« ein richtiger Wert ist, und stattdessen verbissen behaupten, es handele sich bloß um ein mieses Gefühl. Aber diese Psychologen sind dann auch nicht mit von der Partie, wenn Sie mit Ihren Angst-Investitionen (Gold, Edelmetalle, Waffen, Leerverkäufe auf Deutsche-Bank-Aktien, falls Ackermann seine Verbeamtung nicht schafft) den fetten Reibach machen! Oder mit Ihren zurzeit noch sehr niedrig bewerteten Panik-Werten (noch mehr Gold, Benzinkanister im Keller, Bargeld und Pistole unter der Matratze). Werte, denen einige Experten eine goldene Zukunft voraussagen! Langfristig werden auch die extrem gefallenen Werte »Vertrauen« und »Hoffnung« wieder stark zulegen, aber bis es so weit ist, sollten Sie vielleicht erst Ihr Panik-Portfolio wetterfest machen. Oder den gerade wenig gehandelten, aber immer interessanten Wert »Entspannung« ins Depot nehmen. Spätestens im Moment Ihres Todes verliert Ihr Depot nämlich jeglichen Wert, zumindest für Sie selbst! Deshalb gibt es auch einige Werte, die sehr wichtig für Ihr emotionales Portfolio sind, was sich wiederum direkt auf die tatsächliche Geldsituation auswirkt. Der Wert »Entspannung« etwa kann selbst einem extrem verspannten Panik-Portfolio in Krisenzeiten eine Option auf den Wert »Humor« verleihen! Zum Beispiel mit dem von Karl-Heinz erwähnten Money-Tipp.

 **MONEY-Tipp**

Robert-Griess-Sachwerte-Strategie

Wenn Sie im Oktober 2007 für 1000 Euro Aktien des Immobilienfinanzierers Hypo Real Estate erworben und diese im Oktober 2008 wieder verkauft hätten, hätten Sie gerade mal 87 Euro dafür erhalten. Bei einer Investition der gleichen Summe in Aktien der amerikanischen Versicherungsgesellschaft AIG wären noch 18,60 Euro übrig geblieben, bei den Lehman Brothers wäre es nichts mehr gewesen! Hätten Sie jedoch im gleichen Zeitraum für 1000 Euro Bier gekauft, alles versoffen und die Pfandflaschen zurückgebracht, hätten Sie immer noch 250 Euro in der Tasche!

Gerade deutsches Bier gehört zurzeit zum sogenannten »feucht-fröhlichen Kapitalmarkt« und zählt als nachhaltige Investition!

Wenn also die Studenten-WG über Ihnen sich demnächst wieder richtig die Kante gibt und ihr traditionelles Komasaufen veranstaltet, bitte keine Panik – es handelt sich gewissermaßen um engagierte Jungunternehmer, die die Rendite der Lehman-Brothers um schlappe 18.000 Prozent schlagen wollen! Prost!

Fremde Money-Tipps kann ich nicht bewerten. Aber hier kommt nun mein eigener bescheidener Money-Tipp:

 ## MONEY-Tipp

Lesen Sie alle Bücher über die Finanzkrise, weinen Sie ausgiebig und legen dann den Wert »Entspannung« in Ihr »Panik-Portfolio«. Alles andere wird verkauft, solange Ihr Geld noch etwas wert ist! Vom Erlös kaufen Sie sich ein Bier. Und noch eins. Und noch eins. Sammeln Sie die Pfandflaschen. Wissend, dass Ihre Performance den DAX schlägt!

Legalität: 100 Prozent – Ihr Verhalten wird sogar begrüßt. Von der Alkoholindustrie!

Chance: 200 Prozent – Jedenfalls, wenn Sie alles doppelt sehen!

Risiko: 7 Prozent – Im Fall einer Leberzirrhose sollten sie allerdings die Reißleine ziehen!

 ## MONEY-Yoga-Übung

Beckstein-Asana!

Legen Sie sich in die Sonne! Atmen Sie tief ein und aus! Spüren Sie die Entspannung! Summen Sie das Mantra. Lassen Sie sich durch einen Impuls aus dem Hara (ein Energiezentrum 4 Zentimeter unter dem Bauchnabel) in eine sitzende Position ziehen. Trinken Sie ein krisenfestes Bier! Fühlen Sie, wie die spirituelle Flüssigkeit Ihre Kehle hinunterrinnt. Rülpsen

Sie ausgiebig. Richten Sie Ihre Aufmerksamkeit auf das Herz- und das Halschakra, die durch den Rülpser von innen massiert werden! Trinken Sie noch ein paar Bier. Falls es mehr als zwei Maß geworden sind, fragen Sie den ehemaligen bayrischen Ministerpräsidenten Günter Beckstein (der zwei Maß Bier voll normal findet), ob er Sie nach Hause fährt!

Oder torkeln Sie zu Fuß durch die Straßen! Singen Sie ein Lied! Treffen Sie andere Betrunkene und spüren Sie: Niemand ist eine Insel!

MONEY-Mantra
Geld kommt zu mir,
Geht zu niemand and'rem hin,
Denn geht's zu dir,
Dann fehlt es mir,
Und das würd' trüben meinen Sinn.

Arthur W., ein echter Experte in Bezug auf die Beckstein-Asana, der die Worte des bayrischen Ministerpräsidenten über die normalen zwei Maß Bier, die man trinken sollte, gerne und ausdauernd praktiziert!

23.3.

Die Dieter-Bohlen-Folter hat endlich gewirkt. AF bricht zusammen. Gesteht, wie sehr er seine Gefühle für Elisabeth unterdrückt hat. Kann ihn verstehen. Weine mit. Dann fragt er, ob ich wisse, wo seine Tochter sei.

24.3.

Lese über einen Bankenaufsichtsskandal in New York. Der Vorwurf: Leitende Mitarbeiter hätten auf dem Höhepunkt der Finanzkrise lieber stundenlang Pornos geguckt, als die Banken zu beaufsichtigen! Das mag vordergründig wahr sein, tatsächlich dürfte es sich aber um den Versuch gehandelt haben, das Schlimmste zu verhindern. Denn um zu begreifen, was die Banken quasi hintenrum mit der Gesellschaft anstellen würden, musste man sich natürlich über die Details eines solchen Vorgangs erst mal informieren! Und wenn kein Klosterschüler in der Nähe ist, den man fragen kann, bleiben nur die gängigen Fortbildungsvideos!

Generell hat die Börse mehr mit Pornos gemein, als die meisten wahrhaben möchten. Ein Beispiel: Billy war ein richtiger Bulle. Als er Mercedes sah, wusste er, dass eine feindliche Übernahme zwecklos war. Stattdessen schlug er eine Bunny-Anleihe vor und zeigte seinen Butterfly-Spread! Wohlig schlug sie nach oben aus, als er ihr eine controllinggerechte Führung aufzwang! Mit einem harten Double Dip steigerte er ihre Volatilität. Auf der Höhe ihres Konjunkturzyklus verdoppelte er seinen Moving Average und erzielte nach einem etwas glitschigen Pump and Dump eine herausragende Emissionsrendite. Klingt wie Porno – ist aber Börsenstrategie um eine Mercedes-Aktie!

Tragisch daran ist vor allem, das sie hier die falschen Pornos geschaut haben. Hätten die Chefs der großen Bankhäuser stundenlang Schmuddelbilder bewundert, anstatt den Befehl zum Massenausverkauf des Ramschhypotheken-Marktes zu geben, wäre das Wort »Rettungsschirm« weitgehend unbekannt geblieben – außer vielleicht als besonders ausgefallene Position bei Sie wissen schon, woran ich jetzt denke …

25.3.
Suche Unterredung mit Elisabeth. Sie macht mir Vorwürfe. Ich hätte immer nur meine blöden Geld-Mantras im Kopf und Finanzaufklärung und Philosophie. Sie hingegen wolle auch mal Sex!
Bin schockiert.
Frage, was mit MR ist. Sie wird unsicher. Es gibt da anscheinend Schwierigkeiten. Schadenfreude ist ein tolles Gefühl. Erzähle ihr von ihrem Vater. Sie bricht zusammen. Weint an meiner Schulter. Schlage im Pick-Up-Artist-(PUA)-Handbuch nach. Tappe anscheinend in die »Bester-Freund-Falle«. Versuche cool zu sein. Misslingt. Weinen beide. PUA fliegt über Bord. Wie wird es weitergehen?

28.3.
Karl-Heinz getroffen. Sieht blendend aus. Hat ein neues Zuhause. Fühlt sich sehr wohl. Erzählt seinen neuesten Witz:

»Wie nennt man einen Beamtenwindhund? – Schnecke!«

29.3.
Etwas Hoffnung und Wärme aus der Hirnforschung erhalten. Wissenschaftler haben herausgefunden, dass bei Verletzung gewisser Hirnregionen eine Selbst-Transzendenz stattfindet. Menschen, denen in der Großhirnrinde im hinteren Scheitellappen ein Tumor entfernt wurde, empfinden sich nicht mehr als separates »Ich«, sondern als Teil eines größeren Ganzen! Bei den meisten Wirtschaftsbossen haben sie den Tumor leider noch nicht rausgenommen!

30.3.
Elisabeth getroffen. Hat Vater im Gefängnis besucht. Große Aussöhnung. Ist dankbar. Machen gemeinsam Finanz-Mantras. Und mehr. Gutes tun tut gut. Elisabeth hat große Schwierigkeiten mit MR. Hehe! Er erzählt anscheinend immer plumpere Witze. Habe auf einmal einen Verdacht.

31.3.
Anruf von Krempelmann. Neuer Fall. Bauunternehmer! Freue mich. Ach, das goldene Fahnder-Leben. Sehe mich die Straße hinunter-

gehen. Spüre die neidischen Blicke meiner Mitmenschen. Spüre ihre Gedanken: »Geil, der ist Fahnder! Der hat's geschafft!«

Und die anschließende Reue dieser Glücklosen: »Warum bin ich damals nicht zum Finanzamt gegangen? Warum ist aus mir nichts geworden? Warum habe ich mein Leben verpfuscht?«

Antizipiere den Einsatz. Sehe mich vor der Villa des Bauunternehmers. Trete die Türe ein, schiebe den Mann zur Seite, reiße mal eben das Parkett auf, finde massenhaft Schwarzgeld, lasse den Bauunternehmer abführen.

Gehe ins Schlafzimmer des Bauunternehmers … wo dann SIE liegt! Die Frau des Bauunternehmers! Auf dem Bett des Bauunternehmers! Sie lächelt: »Oh, mein Befreier, ich würde alles für dich tun!« … erwache aus dem Tagtraum.

Wenigstens bin ich wieder im Fahnder-Geschäft. Der Weg dahin ist manchmal egal. Wichtig ist, was am Ende rauskommt.

1.4.

Habe Karl-Heinz zur Rede gestellt. Wohnt jetzt bei MR, nachdem dessen Frau ihm kampflos den Schlüssel überlassen hat. MR ist bei einer anderen Psychiaterin in Behandlung. Redet wirr. Irgendetwas über ausgemusterte Kaffeemaschinen, die er am Ende eines Ganges hat aufstellen lassen, um Strafversetzte zu quälen …

Tagtraum: Gehe endlose Flure im Finanzamt hinunter. Hinter allen Türen mir bekannte und teils nur zu bekannte Gesichter. Bloß Zimmer 437 ist verschlossen. Jahrelang wusste niemand, wer da arbeitet. Wir tun uns zusammen und brechen die Türe auf (ich darf treten). Grauenhafter Anblick. Vier männliche Beamte, deren Namen keiner mehr kannte – bereits mit Moos zugewachsen. Als wir die vermoosten Beamten wegschaffen wollen, bewegen die sich auf einmal und fragen, was denn wäre, sie hätten doch nur geduldig auf die Beförderung gewartet!

2.4.

Große Aussöhnung mit Elisabeth. Verspreche, das Steuergesetz nur noch an hohen Feiertagen zu zitieren. Wir singen Mantras. Wir gehen ausnahmsweise mal einkaufen in der Fußgängerzone. Wow. Die haben sogar Läden da! Mit sehr geschickten Verkaufsstrategien.

KAPITEL 25

WIE MAN OHNE MIESE EMOTIONEN AUSNÜTZT

In einem beliebten deutschen Konsumtempel, manchmal auch Supermarkt genannt, überfiel mich kürzlich eine plötzliche Unsicherheit. Was kaufen? Verwirrt von der Vielfalt des Angebots und diverser Werbespots, die durch mein Gehirn waberten, erlitt ich fast einen Nervenzusammenbruch. Denn unsere Gehirne sind auf Einkaufen in Märkten mit Überangebot nicht programmiert. Früher in der Steinzeit jubilierte man, wenn man ein einziges Wollnashorn mit einem gut gezielten Speerwurf zur Strecke brachte. Überangebot war überhaupt kein Thema! Heutzutage kann man froh sein, wenn man zusätzlich zum Wollnashorn nicht auch noch sieben Leasingverträge für je drei tiefergelegte Säbelzahntiger mit Servolenkung und Vollkaskoversicherung angedreht bekommt!

Früher sprachen linksgerichtete Menschen gerne mal von Konsumterror, dem man sich nur durch aktive Verweigerung, Gründung einer Landkommune, Sex mit unrasierten Menschen und konsequentem Verzicht auf Seife entziehen konnte. Erlaubt waren nur Gauloises ohne Filter, französischer Rotwein (von der günstigen Sorte) sowie diverse illegale Rauschmittel.

Davon redet heute niemand mehr, denn wir haben begriffen, dass es ohne Konsum keinen Aufschwung gibt, ohne Aufschwung keine Jobs und ohne Job ist es auch nicht so das

Wahre. Zumal die Gauloises ohne Filter doch nicht so wahnsinnig gesund sein sollen, die illegalen Rauschmittel genauso wenig, und die unrasierten Menschen sind mittlerweile kahl oder überall rasiert.

Konsum ist ein eigen Ding. Mit ist doof, um es auf den Punkt zu bringen, aber ohne eine Katastrophe! Bis vor einiger Zeit gab es eine wirtschaftliche Grundregel, die besagte, dass die Nachfrage das Angebot regelt. Mittlerweile ist aber den Beteiligten in der Wirtschaft klar geworden, dass das irgendwie blöde ist. Schließlich haben die meisten Menschen bereits alles. Jedenfalls die, die noch Geld haben.

Natürlich gibt es auch noch echte Nachfrage. Der eine oder andere Afrikaner hätte vielleicht gerne sauberes Wasser. Aber das fällt unter das Thema »irrelevante Nachfrage, da kaum Profit«! Um also doch noch Nachfrage zu kreieren, drehte man den Grundsatz kurzerhand um. Jetzt bestimmt einfach das Angebot die Nachfrage. Oder kennen Sie irgendjemand, der dringend einen Geländewagen braucht? Dieses Land ist voller dermaßen gut ausgebauter Straßen, dass man mit einem tiefergelegten Opel von Rostock nach Chemnitz schrubben kann, ohne ein einziges Mal irgendwo aufzusetzen! (Außer man verirrt sich aus Versehen nach Westdeutschland, klar!)

Dennoch sind in den letzten Jahren regelmäßig 5 bis 7 Prozent aller Deutschen der Überzeugung gewesen, dass Mutti dringend einen Panzer braucht, um einen Liter Milch sicher vom Supermarkt in den Grunewald zu transportieren! Bei dem Benzinverbrauch, den diese SUVs haben, wird auch klar, wofür das Wort wirklich steht: »Scheich-Unterstützungs-Vehikel!

Wie kommt es nun, dass sogenannte erwachsene Menschen sich allen möglichen Mist kaufen, um das mal deutlich zu benennen? Weil es dem Marketing gelungen ist, den Konsumenten in einem mentalen Alter von sechs Jahren zu halten! Das kennt man vielleicht aus dem Spielwarenladen. Wenn man dort mit einem kleinen Kind unterwegs ist, muss man ihm ständig auf die Finger hauen, damit es nicht den Einkaufswagen komplett überlädt.

Das mentale Alter kann man sehr gut an einer modernen Nemesis studieren: Dem iPhone! Viele Menschen haben ein starkes Bedürfnis nach einem iPhone. Keine Frage, das ist ein nettes Ding. Es kann telefonieren, Fotos machen, Musik abspielen und ist nebenher auch noch ein Computer. Das Problem daran ist nur, dass die Menschen, die sich so ein Ding zulegen, bereits ein Mobiltelefon haben. Die haben auch mindestens eine Kamera, ein Musikabspielgerät und einen Computer sowieso. Das sind alles Menschen, die mit den folgenden Slogans groß geworden sind: »Geiz ist geil« und »Ich bin doch nicht blöd!« Die kaufen sich für 1000 Euro zusätzlich im Jahr ein Telefon, das sie eigentlich nicht brauchen. Haben Sie auch manchmal das Gefühl, dass die PISA-Studie an der falschen Zielgruppe ansetzt? Die Sehnsucht nach dieser Art hoch entwickelter Smartphones ist dennoch nachvollziehbar. Immerhin handelt es sich um ein Gerät, das alles für einen erledigt. Und so ein Gerät kennen wir gut. Von früher. Das hieß Mutti!

 **MONEY-Tipp**

Wenn Sie wieder mal die Sehnsucht nach einem Gerät überfällt, das alles für Sie erledigt, laden Sie Mutti übers Wochenende ein. Danach sind Sie geheilt und haben 1000 Euro im Jahr gespart!

Damit Menschen sich weiterhin Dinge kaufen, die niemand braucht, gibt es Marketing. Jene Kunst, Produkte so wirken zu lassen, dass sie einen unwiderstehlichen Kaufsog ausüben. Um die Attraktivität ins Unermessliche zu steigern, suggeriert die Werbung, dass man nicht nur ein Produkt, sondern ein Gefühl kauft, oder wie es neuerdings heißt, eine »Emotion«!

Das Billigshampoo von Schlecker steht bereits auf Ihrem Badezimmer-Regal, aber auf einmal sehen Sie »L'Oréal – weil ich es mir wert bin!« Für nur 65 Prozent zusätzliche Ausgaben gibt es Selbstwert! Ein Schnäppchen! Was man da an Psychoanalyse sparen kann!

Ein anderes Beispiel für Emotion: »Mut zur Zuneigung!« Der Slogan von Lätta! Das ist Margarine. Wo genau ist die Verbindung zwischen Pflanzenfett und Sympathie? Ich war bisher immer der Ansicht, dass man Margarine als Brotaufstrich kauft und nicht wegen soziopsychologischer Defizite! Was haben diese Werbemenschen mit dem Pflanzenfett angestellt, in jenem Moment, als ihnen dieser Slogan eingefallen ist?

»So kommen Sie ans Ziel!« Das war der Taschenkredit von Fortis. 2500 Euro! Welche Ziele haben diese Leute? Mit eben diesen 2500 Euro? Es mal richtig krachen lassen und drei Monate lang Hartz IV schwänzen? Die Fortis-Banker selbst hatten allerdings andere Ziele: Sie gerieten im Zuge der Finanzkrise in große Schwierigkeiten und wurden anschließend von der BNP Paribas Bank geschluckt.

Einer der effektivsten Emotional-Slogans aber ist ohne Zweifel der von Gillette-Rasierklingen: »Für das Beste im Manne!« Für das Beste *im* Manne!!! Wo rasieren sich diese Menschen?

Marketing – quo vadis?

MONEY-Tipp

Lang vorbei sind die Zeiten, in denen man noch von Konsumterror reden durfte. Wer das Unwort heute in den Mund nimmt, wird mit gesellschaftlicher Ächtung nicht unter drei Jahren bestraft. Denn der Konsum ist das Einzige, was die Wirtschaft und die Laune in diesem Land noch retten kann. Wer jetzt nicht die Binnenkonjunktur ankurbelt, die Kaufhäuser stürmt und mindestens einen DVD-Festplattenrekorder mitnimmt, ist Vaterlandsverräter!

Und was im Falle weiterer Konsumverweigerung passiert, ist auch relativ eindeutig: Wirtschaftlicher Abschwung, Depression, Armut, soziale Konflikte, Terror, radikale Gruppen gewinnen an Einfluss, die NPD übernimmt gemeinsam mit Müller Milch und anderen Spaßbremsen die Macht!

Deshalb: Rettet Deutschland! Bewahrt das Abendland vor dem Zerfall! Bekämpft den Terror! Lindert Hunger und Not!

Kauft eine Espressomaschine!

Legalität: 100 Prozent – Solange Sie die Espressomaschine auch tatsächlich bezahlen!

Chance: 17 Prozent – Nicht der Hammer-Geld-Tipp, zugegeben. Aber wenn Sie die Wirtschaft verkommen lassen, stehen Sie noch viel schlechter da!

Risiko: 5 Prozent – Dieser Tipp ist nahezu risikofrei – es sei denn, Sie erleiden einen Koffein-Schock! Müller-Rangsdorff sollte ein warnendes Beispiel sein!

 MONEY-Yoga-Stellung

Marketing-Asana

Ballen Sie die Hände zu Fäusten. Halten Sie die Arme angewinkelt seitlich am Körper und stehen Sie dabei mit leicht gebeugten Beinen da, die Füße parallel und gerade nach vorne ausgerichtet. Atmen Sie tief ein und aus. Lassen Sie den Atem immer schneller fließen. Verziehen Sie dazu noch das Gesicht zu einer wütenden Grimasse. Spüren Sie die Wut. Es gibt genug Anlass. Keine Espressomaschine im Haus. Noch nicht mal ein Säbelzahntiger im Garten. Und die Menschen in Afrika haben kein sauberes Wasser. Sind Sie so weit? Lassen Sie das Gefühl immer stärker werden. Sie sind jetzt richtig in der Emotion drin!

Gut!

Jetzt versuchen Sie mal, diese Emotion zu verkaufen!

Und …?

Erfolg gehabt?

Marketing ist gar nicht so einfach!

MONEY-Mantra

Ich hab 'nen Jeep und bin nicht reich;
Jedoch mein Geld, das hat der Scheich!

Sternenkrieger und Treiber bei der Marketing-Asana. Wie gesagt, nicht besonders einfach, aber der Star-Wars-Mann erzielte anschließend Rekordeinnahmen. Wofür man allerdings auf dem Todesstern Euros benötigt, konnte er Treiber auch nicht erklären!

4.4.

Bauunternehmer eingebuchtet. Keine Osteuropäerin da. Gott sei Dank. Freue mich auf Elisabeth. Gutes Gefühl. Recherchiere wieder über Banken.

5.4.

Termin bei Krempelmann. Erkläre ihm mein Manöver, mit dem ich die Top-Banken des Landes und ihre Manager der Unterstützung der Steuerhinterziehung überführen werde. Zitiere dazu aus dem Steuergesetzbuch!

§ 19

Sanierungsgelder sind Sonderzahlungen des Arbeitgebers an eine Pensionskasse anlässlich der Systemumstellung einer nicht im Wege der Kapitaldeckung finanzierten betrieblichen Altersversorgung auf der Finanzierungs- oder Leistungsseite, die der Finanzierung der zum Zeitpunkt der Umstellung bestehenden Versorgungsverpflichtungen oder Versorgungsanwartschaften dienen; bei laufenden und wiederkehrenden Zahlungen entsprechend dem periodischen Bedarf ist nur von Sanierungsgeldern auszugehen, soweit die Bemessung der Zahlungsverpflichtungen des Arbeitgebers in das Versorgungssystem nach der Systemumstellung die Bemessung der Zahlungsverpflichtung zum Zeitpunkt der Systemumstellung übersteigt.

Erkläre ihm, dass das Finanzamt eine grundlegende Systemumstellung und Reform braucht. Verkaufe ihm das als meine Idee. Statt der Einnahmen müssen die Ausgaben versteuert werden. Mit einer Riesensteuer auf Luxusgüter, und einer geringen Steuer auf lebensnotwendige Güter. Alle Steuerhinterziehung fiele weg, Bürokratie auch, es gäbe nur noch die Mehrwertsteuer.
Außerdem sollte meiner Meinung nach eine »Geldumlaufsicherung« eingeführt werden, die dafür sorgt, dass die Kohle im Umlauf bleibt und dem Wirtschaftskreislauf nicht durch Dauer-Hortung auf irgendwelchen Zinskonten entzogen wird. Also nur noch Negativ-Zinsen! Die Kreditaufnahme wird mit höchstens einem halben Prozent belegt, Geld bleibt im Umlauf, die Staatsverschuldung verschwindet, die Reichen werden nicht automatisch immer reicher und machen die Armen dadurch immer ärmer …
Finde mich genial! Karl Marx war im Vergleich ein Anfänger. Bin ich Prophet? Wirtschaftsweiser? Beides?
Dann erkläre ich Krempelmann, wie ich die Top-Banker des Landes festsetzen werde!

6.4.
Strafversetzt. Büro am Ende des Gangs. Kaffeemaschine geht nicht. Déjà-vu? Täglich grüßt das Murmeltier?

7.4.
Elisabeth kommt vorbei. Mit einem Urlaubskatalog. Planen gemeinsame Flucht in die Sonne.

KAPITEL 26

WIE MAN OHNE MIESE AM ÄQUATOR ALKOHOL KONSUMIERT *ODER* KOMASAUFEN IN WARMEN GEFILDEN!

Sehen wir der Wahrheit ins Auge – unsere Gesellschaft steuert auf einen handfesten Generationenkonflikt zu. Das kann ich aus eigener Erfahrung bezeugen. Mir wird regelmäßig schlecht, wenn ich sehe, mit welcher Geschwindigkeit meine Mutter mein Erbe verprasst! Wenn sie nicht auf einer Kreuzfahrt ist, zockt sie am »Neuen Markt«! Wobei den meisten Menschen klar sein dürfte, dass der Neue Markt oder Nemax-Index bereits seit Jahren bankrott ist. Bis zu meiner Mutter und ihrem Anlegerverhalten hat sich das allerdings bisher noch nicht herumgesprochen!

Das ist diese Generation der »Fit for Fun«-Senioren! Sie tauchen an Plätzen auf, an denen man sie am wenigsten erwarten würde. Denen kann man gar nicht mehr entrinnen! Vor ein paar Jahren habe ich es mal versucht: Himalaya-Trekking! Anapurna-Base-Camp. 6000 Meter Höhe. Da ist die Luft ziemlich dünn. Und während ich noch dastehe und vor mich hin japse, werde ich auf einmal von hinten brutal zur Seite gebimmelt – kommt da so eine Rotte Rentner auf ihren Mountainbikes angepest, springt ab und fragt mich gut gelaunt, ob ich nicht Lust hätte, Boccia zu spielen? So sind die drauf. Da erstaunt es auch nicht weiter, dass die JU schon vor Jahren vorschlug, diese Leute ruhig zu stellen, indem man ihnen die künstlichen Hüften wieder ausbaut!

Vor nicht allzu langer Zeit hatte ich als »unterhaltsamer Finanzexperte« auf einem Kreuzfahrtdampfer angeheuert und konnte so den deutschen Senioren aus nächster Nähe in seinem natürlichen Umfeld beobachten. Er ist, wie Bernhard Grzimek sagen würde, ein gar putziger Gesell. Meist sehr freundlich und zutraulich, besonders, wenn er regelmäßigen Zugang zu einem kurzen Klaren und anderen herzstärkenden »medizinischen« Alkoholika hat.

Besonders wichtig nimmt er die Nahrungsaufnahme. Dort kann er auch richtig gefährlich werden. Eine häufige Todesursache auf Kreuzfahrtschiffen ist »unvorsichtiges Vordrängeln am Buffet«! Da diese Dampfer für ihre opulente Küche bekannt sind, gibt es zu jeder Mahlzeit mindestens sieben Gänge. Sogar zur Kaffeezeit! Das hat zur Folge, dass viele Senioren, die rüstig im Rollstuhl hereinrollten, nur noch per Kran vom Kahn geholt werden können!

Ein weiteres hervorstechendes Merkmal ist seine Neugierde! Gerade auf Kreuzfahrten lässt er ihr freien Lauf: »Geht dieses Wasser um die ganze Insel rum?«, will er dann wissen. Oder: »Wann gibt es denn das Mitternachtsbuffet?« – »Führt diese Treppe nach oben oder nach unten?« Einer fragte mich mal im Stillen, ob denn die Besatzungsmitglieder auch an Bord schlafen würden.

Ich erwiderte, dass sie das natürlich nicht täten. Sie schlafen in kleinen Kanus, die nachts hinter dem Schiff hergezogen werden. Schließlich heißen diese Menschen »Seeleute« und nicht »An-Bord-Schläfer«!

Andere möchten erfahren, wie es um den Meerblick einer Innenkabine bestellt ist.

Ich antwortete auf diese Frage: »Prinzipiell gut! Man kann das Panorama allerdings erst genießen, wenn ein Eisberg das Schiff zerteilt!«

Verwirrung stiftet auch die Frage, ob das Schiff seinen eigenen Strom produziert. Viele Menschen können das lange durchsichtige Kabel, das mit einem Satelliten verbunden ist, welcher den Strom mittels Sonnensegeln produziert, einfach nicht sehen!

Der Senior glaubt so etwas gerne, besonders wenn er die nötige Menge medizinischer Alkoholika zu sich genommen hat. Kreuzfahrten sind im Prinzip ein Synonym für »Komasaufen am Äquator«! Einige der Teilnehmer erzählten mir später, dass sie bei der Wiedereinreise nach Deutschland Schwierigkeiten mit dem Zoll bekamen, weil ihre Leber die zulässige Importmenge an Alkohol überschritt und sie nicht angegeben hatten, dass sie eine »Mini-Bar« mitführten.

Besonderen Anklang bei unseren Senioren finden die Landausflüge. Wenn sie nicht auf dem Schiff reisen, sind sie also meist in Bussen anzutreffen, wobei die Frage, wer für wen und wie viele andere einen guten Sitzplatz auf der Rückbank besetzt, zu deutlich mehr gewalttätigen Auseinandersetzungen führt als die gleiche Herausforderung bei einem Kindergartenausflug!

Der deutsche Senior verfügt über einen ausgeprägten Gerechtigkeitssinn. Bei einem Schnorchelausflug in der Karibik, wohin unser Dampfer sich gewendet hatte, nachdem der Amazonas als »erledigt« betrachtet wurde, bestand die gesamte Mannschaft nicht nur auf Flossen in passgenauer Größe, sondern auch auf individuell auf jeden Teilnehmer zugeschnittenen Tauchermasken. Einer beharrte sogar auf einer größeren Maske, als ich ihm mitteilte, dass diese eine Einheitsgröße hätten. Erst durch meine Versicherung, seine Maske wäre wirklich die »allergrößte der gleich großen Masken«, konnte er zufriedengestellt werden!

Heutzutage wird gern vergessen, dass es die Kreuzfahrt-Euphorie schon sehr lange gibt. Die ersten Kreuzfahrer waren bereits vor tausend Jahren unterwegs! Damals gab es allerdings noch nicht ganz so viele Ziele! Eigentlich nur eins! Jerusalem! Aber auch damals fielen die Kreuzfahrer durch ihre Besessenheit mit Essen unangenehm auf. Besonders peinlich fanden viele der örtlichen Feinschmecker die Tatsache, dass die Barbaren aus dem Westen eine Vorliebe für zartes Homosapiens-Fleisch entwickelt hatten.

Davon abgesehen hatten die damaligen Kreuzfahrten viel mit heutigen gemein. Vermutlich klangen die Ansagen von der Kommandobrücke damals ähnlich wie die heutigen:

»Meine Damen und Herren,
Auch am heutigen 13. Juni 1099 A. D. die Neuigkeiten vom Kommandohügel. Wir befinden uns auf 23 Grad nördlicher Breite und 45 Grad östlicher Länge. Unter uns befindet sich eine Wassertiefe von 0 Meter.

Wir haben seit Beginn unserer Reise eine Entfernung von 4322 Seemeilen oder 6800 Kilometern zurückgelegt. Vor uns liegt noch eine Entfernung von einer halben Seemeile oder 0,86432 Kilometern sowie etwa 45.000 Krieger der Fatimiden!

Der Sonnenaufgang ereignete sich heute um 6.23 Uhr. Der Sonnenuntergang dürfte für viele von Ihnen nicht mehr wirklich relevant sein. Die Lufttemperatur beträgt jetzt bereits 27 Grad, die Wassertemperatur ist egal.

Ich möchte Sie ganz herzlich einladen zum Vortrag unseres Lektors um 7.20 Uhr. Papst Urban der Zweite wird über das Thema sprechen: »Warum die Heiden weg sollen« oder »Kameltreiber, go home!«

Um 10.15 Uhr beginnt dann unser mit Spannung erwarteter Aktiv-Ausflug: »Die Eroberung von Jerusalem.« Wir möchten die Gäste mit den grünen und den gelben Punkten am Sattel bitten, als Erste die Schlachtrösser zu besteigen. Die Fatimiden haben für Sie ihren beliebten Folklore-Tanz »Tod allen Christenhunden« einstudiert, den sie sicherlich häufiger aufführen werden, sodass jeder von Ihnen mindesten einmal die Gelegenheit erhält, ihn aus der Nähe zu sehen!

Bitte denken Sie an ausreichend Wasser und Sonnenschutz. In der Altstadt von Jerusalem kann es bei Souvenirsplündereien zu tumultartigen Szenen kommen.

Dieser Ausflug ist für Teilnehmer mit Gehbehinderung nur bedingt geeignet.

Ich bedanke mich für Ihre Aufmerksamkeit und wünsche Ihnen noch eine spannende Kreuzfahrt hier mit uns auf der MS Gottfried von Bouillon!«

Unsere Senioren lieben Kreuzfahrten! Viele werden Ihnen vorrechnen, dass es sie billiger kommt, auf einem Kreuzfahrtdampfer zu wohnen als im Altersheim.

Doch alle Kreuzfahrten dieser Welt können nicht die dramatische Entwicklung aufhalten, auf die mich ein amerikanischer Freund neulich hinwies: Die Summe der Gelder, die weltweit für Viagra und Schönheitsoperationen ausgegeben wird, übersteigt die Summe der Gelder für Alzheimer-Forschung um ein Vielfaches! Wo soll das hinführen?

Dann haben wir in 30 Jahren haufenweise ältere Menschen mit Superbodies und Dauerständern, die sich nicht mehr daran erinnern können, was man damit macht!

 **MONEY-Tipp**

Bauen Sie ein schwimmendes Altersheim. Dafür können Sie wahrscheinlich sogar EU-Gelder beantragen! Viele ältere Menschen werden sich die Gelegenheit nicht entgehen lassen, noch einmal etwas von der Welt zu sehen und unter dem Deckmantel kulturellen Interesses das Oktoberfest zu exportieren.

Falls gerade kein Geld für einen Dampfer da sein sollte, ziehen Sie einen Wassergraben um das örtliche Altersheim und studieren Sie eine seniorenfreundliche Unterhaltungsnummer ein. Vermeiden Sie dabei die »Horst-Wessel-Revue« – die kann nur noch an ausgewählten südamerikanischen Orten aufgeführt werden. Testen Sie die Show an Ihren Großeltern. Wenn diese Sie mit ihren dritten Zähnen oder Rollatoren bewerfen, sollten Sie das Material noch einmal überarbeiten!

Legalität: 17 Prozent – Besonders das Konzept der Steuerfreiheit auf internationalen Gewässern könnte irgendeinem Finanzamt irgendwann einmal heftig missfallen! (Mist, ist mir vorher aufgefallen.) Allerdings reisen Finanzbeamte nur sehr selten auf Kreuzfahrtschiffen (abgesehen von mir und Elisabeth – aber wir kommen so schnell nicht wieder!).

Chance: 69 Prozent – Solange die Senioren die Sache mit dem Wassergraben nicht kapieren.

Risiko: 31 Prozent – Es sind auch schon Kreuzfahrtschiffe pleite gegangen. Die hatten dann nicht genug Volksmusik an Bord!

MONEY-Yoga-Stellung

MS-Irgendwo-Asana

Cremen Sie sich ausreichend mit Sonnenschutz ein. Nehmen Sie ein Handtuch (befindet sich in Ihrer Kabine), legen Sie es auf einen Sonnenstuhl auf dem Hinterdeck und fläzen Sie sich hin. Atmen Sie tief ein und aus. Genießen Sie die Wärme. Glück kann so einfach sein! Wenn ein Kellner vorbeikommt, nehmen Sie noch ein Bier. Er wird sich freuen.

MONEY-Mantra

Spielt die Band »Zum Städele hinaus«,
Läuft dein Kreuzfahrtdampfer aus.
Tanzen die Alten dann wie toll,
Ist endlich auch dein Konto voll!

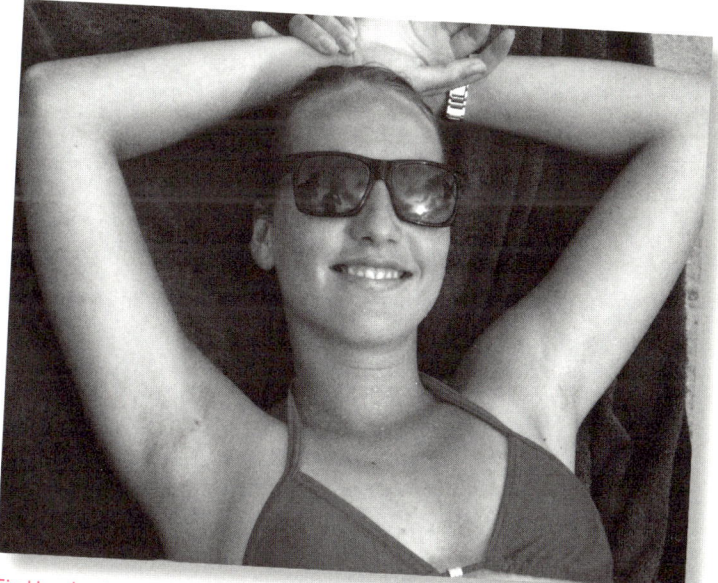

Ein Handtuch, ein Bikini, ein Lächeln. Barbara B. weiß, wie einfach es sein kann, eine Einladung zum Dinner zu erhalten. Und damit einen eindeutigen geldwerten Vorteil!

2.5.
Wieder da aus der Karibik. Zurück in meinem Büro. Anruf von Krempelmann. Wie es mit der Archivierung vorangehe. Ich liebe die Behörde. An welchem anderen Arbeitsplatz kann man wochenlang fehlen, ohne dass es auffällt?
Suche nach einem Abschlusskapitel meines Buches. Vielleicht eine kleine Parabel?

Die Geschichte vom jungen Mann und dem Boot
Ein junger Mann mietet ein Boot und fährt mit einem hübschen Mädchen allein auf einen See. Es ist ruhig, der Himmel ist blau, die Ewigkeit gehört ihnen – ein magischer Moment. Aber er hält nicht ewig. Dann muss der junge Mann studieren, er studiert BWL, er geht zur London School of Economics, danach geht er ein paar Jahre zu der Unternehmensberatung McKinsey, bekommt dann seinen ersten Managerposten. Er heiratet das hübsche Mädchen, bekommt ein paar hübsche Kinder, geht zu drei anderen Firmen, bis er irgendwann im Vorstand einer großen DAX-notierten Firma landet. Ein paar Jahre später ist er Vorstandschef. Sein Gehalt schießt in astronomische Höhen, er entlässt Tausende, um Personalkosten zu reduzieren und im internationalen Wettbewerb bestehen zu können, sein Gehalt schnellt noch mal um einige Millionen nach oben. Dafür geht seine nicht mehr ganz so hübsche Ehe in die Brüche. Die Firma wird im Zuge einer feindlichen Übernahme mit der Commerzbank fusioniert, er wird mit einem sehr goldenen Handschlag entlassen. Jetzt ist er 48, arbeitslos und Multimillionär. Er kauft sich ein eigenes Boot, 2 Millionen kostet seine Jacht, die natürlich an der französischen Riviera liegt, er lädt ein hübsches Mädchen ein und schippert mit dem Ding raus aufs Meer, er schaut das schöne Mädchen an, es ist ruhig, der Himmel ist blau, die Ewigkeit gehört ihnen.

Das ist Wirtschaft – 24 Jahre, mindestens eine Ehe, drei Firmen und 7000 Arbeitsplätze weniger, damit ein Mann mal wieder mit einem hübschen Mädchen Boot fahren kann und einen Hauch Ewigkeit spürt!

Lese das Ende Elisabeth vor. Sie schenkt mir diesen unnachahmlichen Blick. Diesen Blick, den nur Frauen drauf haben. Ein Blick, der besagt: Wann hörst du endlich mit dem Labern auf und kommst ins Bett? Folge ihrer Weisheit!
Die Ewigkeit gehört nämlich auch mir!

ENDE

GLOSSAR

Absatzmarkt
In der Regel kein Schuhgeschäft für hohe Damenschuhe. Auch kein Schwarzmarkt für halb legale Waren, deren Verkäufer sich sehr schnell absetzen müssen, wenn die Polizei naht. Sondern ein der Produktion nachgelagerter Markt, auf dem die Produkte einer Firma verkauft (abgesetzt) werden. Zur Not auch der Markt für hohe Absätze von Damenschuhen. Dann wäre es allerdings ein Absatz-Absatzmarkt!

Abschreibung, degressive
Modernes Wort für »Alterungsprozess mit sinkenden Renten«.

Aktie
Unternehmensanteil. Die Anteilnahme drückt sich manchmal sogar in traurigen Emotionen aus. Wenn nämlich der Anteil kein Anteil mehr ist, sondern nur noch eine mikroskopisch kleine Menge.

Anlageberatung
Beratung über das richtige Anlegen. Häufig sind sexuelle Ratgeber (darin beispielsweise das Sich-aneinander-Anlegen in bestimmten Stellungen) allerdings erfolgreicher als finanzielle Anlageberater.

Anleihe
Vornehmes Wort für »Glücksspiel mit überschaubarem Risiko«. Aber das ist Roulette schließlich auch.

Arbeit
Ein Begriff aus dem 19. Jahrhundert. Heutzutage weitgehend obsolet, aber immer noch wichtig in zusammengesetzten Wörtern wie Arbeit-slosigkeit, Arbeit-slosengeld, es arbeit-et in mir, Arbeit-samt etc. Ursprünglich war damit wohl die Lohn-arbeit gemeint, die jemand verrichtete, der »noch Arbeit hatte«. Aber kennen Sie solch eine Person? Sie sind selten geworden. Wie die Eisbären, sibirischen Tiger oder die Haussspatzen. Deshalb wird häufig davon gesprochen, dass Arbeitsplätze »geschützt« werden müssen. (So wie auch Indianerreservate oder Naturschutzgebiete.) Der

jüngeren Generation erklärt man »Arbeit« am besten als das Gegenteil von »rumhartzen«! Also auch mal den Spielplatz aufräumen, wenn man fertig ist mit Drogen verkaufen!

Assetklassen

»Asset« ist neudeutsch für »Besitz«. »Neudeutsch« ist neudeutsch für »Affigsprech«. Wenn dir auf einer Party also jemand sagt, dass er seine Assetklassen gut aufgeteilt hat in »mein Auto«, »mein Haus«, »meine Frau« – also in Sachwerte, Immobilien und hochspekulative Aktien, gehe dieser Person nach Möglichkeit aus dem Weg – die Konversation wird nicht prickelnder werden. Das Wort »Klasse« ist in diesem Zusammenhang etwas irreführend. Die meisten Assets sind zurzeit nicht so wahnsinnig klasse.

Astro-Prognose

Eine zunehmende Anzahl von Investoren orientiert sich an den Sternen, um gute Investment-Entscheidungen zu treffen! Die nächste Krise kann also an einer Saturn-Opposition liegen – oder an der Tatsache, dass alle dran glauben. Katzendärme gelten bisher noch als relativ unzuverlässige Prognose-Methode, aber das ändert sich spätestens dann, wenn die Chinesen im großen Stil an der Börse einsteigen!

Ausländerkonvertibilität

Bitte nicht missverstehen. Man kann Ausländer nicht wirklich umtauschen – sonst wäre Nordamerika längst nur noch von Tibetern bewohnt!

Außergewöhnliche Belastung

Ihre Ehe können Sie unter diesem Punkt nicht absetzen, egal, wie belastend diese auch sein mag.

Bankdienstleistung

Ein Oxymoron (und da es ein Finanzlexikon ist, muss man nicht erst zu O blättern, um das erklärt zu bekommen – ein Oxymoron sind zwei einander widersprechende Begriffe, z. B. »schwarzer Schimmel«, »ehrlicher Politiker« oder »heterosexueller Choreograf«). »Bank« geht nur zusammen mit »Eigennutz, höchste Eigendienstleistung«. Für Außenstehende gibt es nur den Kontogebührenabbuchungsdienst. Oder die Gerichtsvollzieherdienst-leistung.

Bad Bank
Eine Tautologie (vgl. Oxymoron), eine unnötige Dopplung, so wie weißer Schimmel … (bitte ergänzen Sie selbst!) Wieso Bad Bank, wenn die meisten Banken von sich aus schon ganz schön schlecht sein können? Es muss korrekterweise heißen: »ganz superschlechte Drecksbank mit kompletten Schrotteinlagen, die aber vom Steuerzahler finanziert werden und die eigentlich abgewrackt gehören – oder wie der Rest der abgewrackten Autos nach Afrika verkauft, wo unschuldige Farbige mal wieder herrlich abgezockt werden können!«

Bankkunde
Siehe Opfer

Bankrott
Eigentlich »zerbrochene oder leere Bank« (im Mittelalter hatten die Händler darauf ihre Währungen aufgebaut; wenn die Bank leer war, hatten die Händler kein Geld). Tatsächlich ist eine Parkbank, auch wenn sie leer oder kaputt ist, dieser Tage mehr wert als die meisten Kreditbanken.

Bären
Menschen, die fallende Börsenkurse erwarten. Auf Partys für das andere Geschlecht weitgehend uninteressant, da sie mit ihrer schlechten Laune die Stimmung einfrieren. Aufgrund dieser Eigenschaft allerdings wieder willkommen, wenn das Eis in der Badewanne weg ist und man irgendetwas braucht, um die Getränke kühl zu halten.

Bärenfalle
Lederstrumpf wäre volle Kanne hineingetappt. Denn die moderne Bärenfalle hat nichts mehr mit den guten alten Eisen zu tun, die zuschnappten, wenn ein Bär versuchte, den Köder zu schnappen. Eher mit den Ködern, die zuschnappen, wenn ein Börsenbär damit rechnet, das gute alte Eisen zu einem besonders günstigen Kurs zu »schnappen«!

Benchmark
Ein Wort, das mein Rechtschreibprogramm automatisch in »Beschnarch« verwandelt. Vermutlich besser so!

BIP
Klingt süß, ist es aber nicht. Das Börsen-Inlands-Produkt ist die Summe aller im Land erbrachten Leistungen. Statt BIP kann man auch STRESS sagen.

Bodenbildung
Die Frauen kennen das aus dem Schwangerschafts-Yoga. Die Männer von der Börse. Die Beckenbodenbildung der Damen ist greifbar. Die Bodenbildung nach einem Börsencrash bleibt im Reich der guten Hoffnung!

Börsenhype
Verwandt mit dem »Modischen Schnickschnack-Hype«. Mit dem Unterschied, dass man den modischen Schnickschnack nach Abklingen des Hypes immer noch besitzt!

Bonität
Kommt vom lateinischen »Bonus«, bedeutet also »gut«, »finanziell gut«, und dazu zählen heut nicht mehr viele! Eine Bonität haben Sie höchstens, wenn Sie gerade eine Bonuszahlung erhalten haben, und auch die wird nur dann hoch genug ausfallen, wenn Sie bereits bei ein bis zwei Banken in den Ruin spekuliert haben!

Börsenkrach
Ähnlich wie ein Ehekrach. Nur teurer!

Bruttosozialprodukt
Die Summe aller Wirtschaftsleistungen eines Landes. Wie sich das »sozial« in dieses Wort verirrt hat, ist unklar. Richtiger wäre: Im-Schweiße-des-Angesichts-und-mit-ausgewrungenem-Hirn-für-zu-wenig-Geld-erbrachte-Leistungen. Und das müssen Sie dann auch noch versteuern!

Bullen
Menschen, die steigende Börsenkurse erwarten. Man unterscheidet zwischen alten und jungen Bullen. Allerdings verwechseln

beide häufig steigende Kursentwicklung mit ihrem eigenen Testosteronhaushalt!

Bundesschatzbrief

Auch nicht mehr das, was es einmal war. Ein mager verzinstes Wertpapier, bei dem Sie darauf spekulieren, dass dieser Staat seine Schulden zurückzahlt! Sie merken schon – im Augenblick riskanter als Hedgefonds!

BWLer

Die Leute mit dem wirtschaftlichen Durchblick. Nach Eigendefinition. Die Leute mit dem Langeweile-Faktor – nach Definition der anderen Party-Gäste. Kennen sich meist hervorragend aus mit günstigen BMW-Leasing-Angeboten.

Cashflow

Heißt »Geldfluss«. Eigentlich. Häufig steht es leider auch für: »Das Geld fließt den Bach runter!«

Chart-Technik

Eine Investmentstrategie, die sich auch Technische Analyse nennt. So etwas wie Transzendentale Meditation für Börsenjunkies! Candlestick-Diagramm, Wimpelformation, gleitender Durchschnitt! Wenn Ihnen das was sagt, gehören Sie vermutlich zu den Menschen, die mit der Astro-Prognose noch nicht genug Geld verloren haben!

Computer

Rein technisch betrachtet keine Form von Geld. Aber der Computer kann das Tor zum ganz großen Geld sein! Das ganz große Geld, das Sie verlässt! Entweder weil im Zuge des jüngsten Crashs ihr Geld zum finanziellen Lemming wird und den Kapitalströmen rund um den Globus bis in die Hände eines amerikanischen Spekulanten folgt. Oder weil die verdammte Kiste streikt und Sie nicht rechtzeitig verkaufen können! Den Rest Ihres Geldes holt sich der PC-Doktor, der das Ding wieder zum Laufen bringt. Trostreich ist nur, dass das Ganze wieder von vorne losgeht, falls Sie jemals wieder zu Geld kommen!

Controllinggerechte Führung
Keine Domina-Unterwerfungstechnik. Aber fast. Wenn die Domina gleichzeitig ein Controller ist, ziel- und planungsorientiert, vorausschauend und dezentral arbeitet. Ein Controller ist im Prinzip eine Domina – nur nicht ganz so gut bezahlt!

Cost-Average-Effekt
Sie hauen jeden Monat die gleiche Menge Geld in eine Anlage und erzielen so bei schwankenden Kursen eine durchschnittlich steigende Rendite. Außer, wenn die Anlage kontinuierlich fällt. Aber, wie ihr Bankberater sagen würde: »Das ist in den letzten tausend Jahren noch nie vorgekommen!« Jedenfalls nicht tausend Jahre lang. Alles, was Sie brauchen, ist Geduld. Und tausend Jahre Zeit, natürlich!

Darlehen
Nein, kein Mischbegriff aus Darling und Ehen! Nein, in Wirklichkeit handelt es sich dabei um einen Kredit. Also, wie Sie in letzter Zeit erfahren haben müssten, ein Ding, das ausgestorben ist. Man kennt es nur noch vom Hörensagen. Wie den Dodo!

Defizit-Spending
Ein relativ amerikanischer Way of Life: Einfach in die Miesen gehen! Die Bundesregierung hat das begriffen. Die Griechen auch. Nur was das Gegenteil von Defizit-Spending ist, das wissen unsere Regierungen nicht so recht. Vielleicht eine Währungsreform?

Double Dip
Aktienkurse oder Rezession, die zwei oder mehrmals hintereinander in die Tiefe schießen. Gerüchte, dass diese Benennung nach einem Puff-Besuch führender Bankspezialisten erfolgte, entbehren jeder Grundlage. Eher war es andersrum!

Eigenkapitalquote
Im Gegensatz zur Grundüberzeugung vieler potenter Männer kann man die Eigenkapitalquote nicht in Zentimetern messen.

Emissionsrendite
Der Gewinn, der sich zum Zeitpunkt der Emission eines Wertpapiers ergibt. Es handelt sich hierbei keineswegs um den Platz-

gewinn, den man in einer vollen Kneipe nach der Emission einiger olfaktorisch potenter Flatulenzen erzielt!

Ethikfonds
Fonds für Weicheier. Für Leute, die sich um den Planeten Sorgen machen. Die gerne in eine nachhaltige Anlagestrategie investieren, auch wenn sie nicht immer so viel Gewinne macht (manchmal aber auch mehr als andere). Im Prinzip Grünen-Wähler, die Tiere quälen! Jawohl, quälen! Denn nur eine brutale, gnadenlose, hirnlose und gierige Überheizung der Märkte sorgt dafür, dass bisher unterdrückte Kreaturen wie Kakerlaken oder Bakterien nach dem Aussterben des Menschen eine faire Chance für eine bessere Zivilisation auf diesem Planeten erhalten!

Exit-Strategie
Hübsches Wort für Selbstmord. Oder auch »rechtzeitig aussteigen«. Griechenland arbeitet zurzeit an einer »Exit-Strategie« aus dem Euro.

Feindliche Übernahme
Vergewaltigung im Big Business. Nach Überzeugung vieler Sozialdemokraten das, was Gerhard Schröder einst mit der SPD machte.

Fixkosten
Kosten, die immer anfallen. Beim Fixen z. B. die Spritzen, die Nadeln, das Heroin etc.

Gedeckte Position
Stimmt – das klingt ziemlich versaut. Bei einer »gedeckten Position« deckt sich eine Finanzinstitution mit den Aktien oder Basiswerten ein, auf die sie eine Option verkauft. Das ist hilfreich, wenn der Kurs des Basiswertes steigt. Kann aber auch sehr ärgerlich sein, wenn er fällt.

Geld
Tausch- und Wertaufbewahrungsmittel. Es gibt sehr viele Formen von Geld wie etwa Münzgeld, Giralgeld, Buchgeld, Geldguthaben, Kartengeld, Geldvermögen. Leider weiß niemand so recht, wo Geld anfängt oder aufhört. Habe ich z. B. eine Ware,

etwa einen Körper, der bei *Germany's Next Topmodel* gewonnen hat, ist das dann schon so gut wie Bargeld oder muss ich ihn erst verkaufen, um zu behaupten, ich hätte ihn versilbert? Habe ich andererseits einen Warenterminkontrakt im Wert von einer Million Euro, kann ich mich dann schon als Millionär bezeichnen oder muss ich erst warten, bis die Blase platzt, um zu realisieren, dass ich bankrott bin?

Gemeinkostenverluste
Doppelt gemoppelt, klar. Jeder Verlust ist gemein! Besonders gemein jedoch jene Verluste, die durch Kosten entstehen, etwa durch Nachbestellung, Umrüstung, Umplanung, mehrfaches Ein- und Auslagern etc. entstehen. Kann vermutlich jeder nachvollziehen, der oder die bereits eine Scheidung hinter sich hat.

Genussschein
Kein Gutschein für Eis. Der Genussschein stellt die verbriefte Form eines Genussrechts dar. Auch hier bietet sich der etwas platte Vergleich mit der Ehe an – zumal es sich um ein gesetzlich nicht geregeltes Wertpapier handelt, welches je nach individueller Ausgestaltung eher einer Aktie und damit Eigenkapital (eigener Partner) oder aber einer Anleihe und damit Fremdkapital (und an dieser Stelle gehen die Probleme in der Regel los) ähnelt.

Gewinnmitnahme
Kurzzeitige Illusion eines finanziellen Sieges. Wird spätestens mit dem körperlichen Ableben obsolet! (siehe Tod) Die einzigen wirklich erfolgreichen Gewinn-Mitnehmer sind Banken über diverse Abschlussgebühren.

Globalisierung
Verlagerung der Produktion an den Standort mit den günstigsten Produktionsbedingungen. Verkauf des Produktes am Standort der besten Verkaufsbedingungen. Oder schlicht: Kinder in Bangladesh nähen für'n Appel und 'n Ei T-Shirts, die in Deutschland den Sommerschlussverkauf zum Gesamtjahresphänomen machen. Ist das die wahre Klimakatastrophe?

Globalisierungsprotest
Protest von Menschen in Billig-T-Shirts aus Bangladesh gegen die

Produktion von Billig-T-Shirts in Bangladesh. Wären sie wirklich konsequent, kämen sie nackt!

Historische Volatilität
Nicht nur die Anzahl der Wutattacken Ihres Liebespartners in den letzten Jahren. Als historische Volatilität bezeichnet man außerdem die Volatilität, die man aus Zeitreihen historischer Wertänderungen ausrechnet. In anderen Worten: Man versucht von der Vergangenheit auf die Gegenwart zu schließen. Und wie oft das schiefgeht, weiß man schließlich auch aus der eigenen Beziehung!

Kaufsignal
Am Straßenstrich wären das hohe Stiefel, kurzer Rock, lange blondierte Haare. In der Chartanalyse verhält es sich ähnlich, der Ausgang ist allerdings ungewisser.

Katastrophen-Anleihen
Portugal, Italien, Griechenland, Spanien, Commerzbank, Hypo Real Estate. Und so weiter. Als Faustregel kann gelten: Wenn die Regierung einsteigt, ist die Katastrophe da!

Kleptokratie
Regierende Klasse, die die Untertanen beklaut. In der Hinsicht kann man schon fast von einer Weltregierung sprechen. Andererseits auch ein Phänomen, das gerne bei Scheidungen Anwendung findet!

Konjunkturzyklus
Wirtschaftliche Regelblutung. Mit dem Unterschied, dass das Jammern von Wirtschaftsteilnehmern das schlimmste prämenstruelle Syndrom locker in den Schatten stellt!

Konsum
Geld raushauen, um Sachen zu kaufen, die man kaum noch in die vollgestopfte Wohnung reinkriegt. Dieser Tage oberste Bürgerpflicht! Schließlich muss die Wirtschaft wachsen und der eigene Arbeitsplatz erhalten bleiben.

Konsumterror
Früher die Bombardierung mit Kaufangeboten von Produkten, die keine Sau braucht. Heute die Weigerung des Kaufs von Produkten, die keine Sau braucht.

Krieg
Hässliches Wort für »Staatsentschuldung«, »Werte-Reduzierung« und »Wiederaufbau-Beschaffungs-Maßnahme (WBM) für die Industrie«.

Leerverkauf
Das kennen Sie vielleicht vom letzten Gebrauchtwagenkauf. Ein mit mir befreundeter Autohändler gab auf seine Produkte immer eine BOB-Garantie. Das klang gut und niemand fragte je nach, wofür BOB eigentlich steht. BOB hieß: Bis oben am Berg! An der Börse geht es ganz ähnlich. Beim Leerverkauf verkauft man Wertpapiere, die man noch gar nicht hat. Man leiht sie sich nur und muss sie zu einem späteren Zeitpunkt zurückkaufen. Das ist schick, wenn der Kurs in der Zwischenzeit fällt und der Basiswert dann billiger ist als die Summe, für die man sich das Zeug geliehen hat. Wenn nicht, kann man nur hoffen, den Leerverkauf nicht als Option getätigt zu haben. Das ergibt nämlich eine ziemliche Hebelwirkung und hat für die finanziellen Eier ungefähr den gleichen Effekt wie eine gut angezogene Schraubzwinge auf die echten Eier.

Liquidität
Flüssig sein. Mit Geld. Etwas schwierig, wenn man aktiver Wirtschaftsteilnehmer ist.

Lustlos
Kennt jeder. Ist aber trotzdem ein Börsenbegriff für zurückhaltendes Anlageverhalten.

Markt
Dieser Tage ein personalisierter Begriff für einen ominösen Gott, der immer recht hat und doch ständig krank ist. Symptomatisch in besorgten Fragen wie: Was macht der Markt? Anzeichen von Stress: Der Markt reagiert nervös! Oder auch gastro-medizinischen Beobachtungen: Der Markt bemüht sich, diese Entwick-

lung zu verdauen! Übertroffen nur noch von einer fast schon hinduistischen Vervielfältigung: die Märkte! Eine Göttervielfalt mit getriebenen, fast hysterischen Zügen: Die Märkte sind am Boden und versuchen hochzukommen.

Obligation
Schuldverschreibung, siehe Anleihe, gilt als sichere Geldanlage, da sie im Falle einer Insolvenz bevorzugt bedient wird. Berichte, wonach Inhaber griechischer Obligationen anstelle von Euros mit Ziegen bezahlt wurden, haben sich nicht bestätigt.

Opfer
Siehe Bankkunde

Parketthandel
Kein Verkauf von Ball-Debütantinnen, sondern ein altertümlicher Begriff für Börsenhandel. Heute unzutreffend, da die Börsen meist Marmorböden haben.

Pump and Dump
Kein Sexfilm, sondern eine Anlageform, bei der massiv Aktien eines gering gehandelten Wertes gekauft und der Kurs so künstlich aufgeblasen wird, nur um die Aktien wenig später mit massivem Gewinn zu verkaufen.

Restlaufzeit
Keineswegs die Zeit, die ein Model noch über den Steg turnen muss, bis die doofe Modenschau vorbei ist. Bezeichnet stattdessen die Zeit, die eine Anlage oder ein Kredit noch braucht, bis man den Verlust realisiert. Oder den Gewinn. (siehe Gewinnmitnahme)

Rezession
Den meisten Männern bestens bekannt durch negative Erfahrungen mit vollem Haupthaar.

Risikostreuung
Bei Finanzanlagen eine gute Strategie. In Liebesdingen eher schwierig. (siehe Historische Volatilität)

Selbstmord
Temporäre Entschuldungsmaßnahme. Ärgerlich für Angehörige und im Falle von Reinkarnation! (siehe auch Exit-Strategie)

The Trend is your friend
Jedenfalls so lange, bis der Trend sich umentscheidet! Dann heißt es, blitzschnell Freundschaft mit dem Gegentrend schließen!

Tilgungsaussetzungsmodell
Kein bulimiekranker beweglicher Kleiderständer (Model), sondern ein tilgungsfreies Darlehen bei einer Bank oder Versicherungsgesellschaft. Gleichzeitig schließt der Kunde dazu eine Kapitallebensversicherung ab, deren Versicherungssumme ca. 60 Prozent der Darlehenssumme beträgt. Dabei richtet sich die Laufzeit der Lebensversicherung nach der Laufzeit der Finanzierung. Während der Laufzeit bezahlen Sie die Kreditzinsen und tilgen den Rest mit der Ablaufleistung der Lebensversicherung. Vorausgesetzt, die Lebensversicherung ist dann noch was wert. Ansonsten: gute Nacht. (siehe auch Selbstmord)

Tod
Finanziell nicht ratsam. Siehe Gewinnmitnahme.

Value at risk
Der Begriff »Wert im Risiko »oder englisch Value at Risk (VaR) bezeichnet ein Risikomaß, das angibt, welchen Wert der Verlust einer bestimmten Risikoposition (z. B. eines Portfolios von Wertpapieren) mit einer gegebenen Wahrscheinlichkeit und in einem gegebenen Zeithorizont nicht überschreitet. Das ist Bankerdeutsch für: Mehr kannste nicht verlieren! (siehe Tod)

Vorzugsaktien
Aktien ohne Stimmrecht, aber mit höheren Dividenden. Also Schnauze halten und schlucken, was einem vorgeworfen wird. Kennt man sonst auch von politischen Wahlen.

Wachstum
Heute heilig. Früher ein Krebsgeschwür.

Währungsraum
Raum, in dem eine Währung gilt. Zurzeit schließt der Griechenland auch noch mit ein!

Zinsen
Geldblockierungsbelohnung. Wer im Wirtschaftsverkehr das Verkehrsmittel »Geld« entzieht und es so parkt, dass es andere blockiert, erhält eine Belohnung, wenn er dieses Geld der Wirtschaft wieder zur Verfügung stellt. Wer im Straßenverkehr sein Auto so parkt, dass es andere blockiert, erhält eine Geldstrafe. Verrückte Welt!

Zins-Swap
Swingerklub für Zinsen. Du gibst mir deinen Zinssatz, ich geb dir dafür eine Variable. Im Prinzip eine Wette, dass Zinsen eine bestimmte Entwicklung einschlagen. Die eine Partei sichert sich über die Zinsfestschreibung der anderen Partei ab, die andere spekuliert, dass der Zinssatz sich irgendwie geil entwickelt. Wie gesagt, ein Swingerklub, bei dem man sogar den eigenen Partner zu Hause lassen darf!

DANKSAGUNGEN

Uff. Geschafft. Ein ganzes Buch geschrieben. Im Vertrauen gesagt, ein ganz schöner Aufriss! Den ich ohne Unterstützung überhaupt nicht geschafft hätte. Also sei an dieser Stelle allen gedankt, die mitgewirkt haben mit Rat, Tat, Kaffee, Geduld, Freundschaft und Liebe.

An erster Stelle sei meiner wunderbaren Frau gedankt, die alle der oben erwähnten Zutaten und noch viel mehr einbrachte und mich wieder ins Leben holte, wenn ich mich in den Weiten meines Gehirns verlaufen hatte. Und meiner Stieftochter Hannah, die die zauberhafteste Stieftochter ist, die man sich überhaupt nur wünschen kann, und die durch ihre intimen Kenntnisse des TV-Programms wertvolle Anstöße gab.

Riesendank an meinen Bruder Hans, der trotz zahlreicher Belastungen als Vater, Schauspieler und Gewerkschaftsboss alles aufmerksam las und mit seinem feinem Sinn für Humor kunstvoll am offenen Herzen operierte. Und radikal alles strich, was mit meiner Besessenheit mit den Taliban zu tun hatte (obwohl ein Teil sich wieder eingeschlichen hat – das Wort Taliban ist zu lustig und griffig – es schlägt Ku Klux Klan um Längen …). Meiner Schwester Anita sei gedankt, weil sie die beste Schwester der Welt ist und man mit ihr prima über Wirtschaft und fehlendes Geld reden kann.

Ein posthumer Dank an UG Krishnamurti, der das Thema Geld aus den Tiefen spiritueller Verwirrung ausgrub und mich zu diesem Buch ermunterte.

Alexander Pruschke lieh mir seinem finanziellen Sachverstand, bewahrte mich vor wirtschaftlichen Unsinnigkeiten und fand das Buch »superlustig«. Herzlichen Dank!

Einen riesigen Dank an Wolfgang Schubert, der immer an meiner Seite stand, mich mit Promotion, Pressearbeit, Telefonaten, Ideen, als Chauffeur, Fotograf und Begleiter unterstützte und der ein großartiger Freund ist. Riesendank an Robert Griess, der mich einige Texte für dieses Buch nutzen ließ.

Ich danke meinem Lektor Harald Kämmerer, der an das Buch von Anfang an glaubte und meinen Agenten Roman Hocke und Uwe Neumahr sowie Dirk Stiller, der mich mit ihnen vernetzte. Corey Ott darf an dieser Stelle nicht fehlen, die mit ihrer gnadenlosen Walking-Act-Erfahrung einen Großteil der vielen Fotos erst möglich machte. Dank auch an all die vielen Menschen, die sich bereit erklärt haben, »Yoga-Model« zu sein!
Hans-Peter Wodarz sei gedankt für den Anstoß zur Rolle des Steuerfahnders. Des weiteren Tanja und Walter Feucht für Ihre Unterstützung bei *Pomp, Duck and Circumstance*, wo der Steuerfahnder jahrelang sein Unwesen trieb.

Ein Riesendank an alle Akteure der Politik und Wirtschaft, die voller Überzeugung ihre Rollen spielen und dadurch einem Narren wie mir unentgeltlich zuarbeiten!

Und nicht zuletzt Dank an Urs Wiegering für seinen Einsatz zur Vermarktung dieses Buches und meiner künstlerischen Persona.

Wo wir grade beim Thema sind: Wer den Steuerfahnder oder Chin Meyer live erleben möchte oder sich für seine Talente als Redner der besonderen Art interessiert, der wende sich an:

URS WIEGERING
HOHELUFTCHAUSSEE 57
D-20253 HAMBURG
FON: 040 • 423 000- 0
FAX: 040 • 423 000-23
Internet:www.URSART.de
eMail:URSART@URSART.de

GELD-ZURÜCK-GARANTIE

Wer nachweislich alle Mantras 108 Mal hintereinander intoniert, drei Monate lang jeden Tag und dazu alle MONEYoga
Stellungen ausführt und trotzdem nicht reicher wird …
der erhält sein Geld zurück!!!
Und wenn Sie es nicht durchhalten – meine Website freut
sich über absurde Finanz-Yogastellungen. Schicken Sie doch
ein Foto von sich an:

yoga@chin-meyer.de

IMPRESSUM

Hinweis
Die Ratschläge/Informationen in diesem Buch sind von Autor und Verlag sorgfältig erwogen und geprüft, dennoch kann eine Garantie nicht übernommen werden. Eine Haftung der Autoren bzw. des Verlags und seiner Beauftragten für Personen-, Sach- und Vermögensschäden ist ausgeschlossen.

Umschlaggestaltung und Umschlagmotive
Christian M. Weiß, München

Layout und Gesamtproducing
Lore Wildpanner, München

Projektleitung
Dr. Harald Kämmerer

Redaktion
Susanne Schneider

Bildnachweis
Alle Fotos im Innenteil sind von Chin Meyer.

Druck und Bindung
GGP Media GmbH, Pößneck

ISBN 978-3-517-08646-0

9817 2635 4453 6271